KB125670

포기하지 마!
넌 최고가 될 거야

포기하지 마! 넌 최고가 될 거야

초판 1쇄 발행 2016년 3월 15일

지 은 이 권기헌
발 행 인 권선복
편집주간 김정웅
디 자 인 최새롬
마 케 팅 정희철
전 자 책 신미경
발 행 처 도서출판 행복에너지
출판등록 제315-2011-000035호
주　　소 (07679) 서울특별시 강서구 화곡로 232
전　　화 0505-613-6133
팩　　스 0303-0799-1560
홈페이지 www.happybook.or.kr
이 메 일 ksbdata@daum.net

값 15,000원
ISBN　979-11-5602-355-5　03190

Copyright ⓒ 권기헌, 2016

* 이 책은 저작권법에 따라 보호받는 저작물이므로 무단전재와 무단복제를 금지하며, 이 책의 내용을 전부 또는 일부를 이용하시려면 반드시 저작권자와 〈도서출판 행복에너지〉의 서면 동의를 받아야 합니다.

도서출판 행복에너지는 독자 여러분의 아이디어와 원고 투고를 기다립니다. 책으로 만들기를 원하는 콘텐츠가 있으신 분은 이메일이나 홈페이지를 통해 간단한 기획서와 기획의도, 연락처 등을 보내주십시오. 행복에너지의 문은 언제나 활짝 열려 있습니다.

방황하는 청춘에게

포기하지 마!
넌 최고가 될 거야

권기헌 지음

도서
출판 행복에너지

사랑하는 내 딸, 지민이에게

대학 졸업을 진심으로 축하한다. 이제는 곱게 경쟁하는 상아탑 속의 학생이 아니라 거친 경쟁이 존재하는 사회 속으로 들어가는구나. 사회라는 체험의 학습장에서 더 빛나는 삶을 이루기 위해 부단히 노력하길 바란다.

인간은 건강한 육체와 정신을 토대로 빛나는 영혼을 추구해 나가는 존재이다. 육체도 건강해야 하고 마음도 건강해야 한다. 육체와 마음이 건강하지 못하면 절대로 건강한 영혼이 안주할 수 없단다. 체력도 기르고 정신도 기르고, 사회에서 쓸 수 있는 경쟁의 도구들도 부단히 연마해야 한다. 우리가 경쟁 사회를 한꺼번에 뛰어넘을 수 없다면, 어차피 우리가 그 속으로 들어가야 한다면….

한순간에 대오 각성을 하는 위대한 영혼이 아닐지라도, 삶의 순간들을 진정한 깨달음으로 이어가는 내면의 지혜를 밝히길 바란다. 건강한 육체와 건전한 정신의 조화 속에서 빛나는 영혼을 실현하기 바란다. 주체적 인성과 자아의 완성! 그것을 지향점으로 미래를 추구하는 멋진 사람이 되길 바란다!

꿈을 성장시켜라! 가슴속에 뜨거운 열정을 안고 더 큰 꿈들이 고
동치게 하라! 그리하면 꿈은 날개를 달고 삶에 안착할 것이다.

'나는 누구인가?'

'나는 어떻게 살 것인가?'

'그동안 나의 삶은 무엇이었나?'

'앞으로 나는 어떻게 살아갈 것인가?'

참으로 인생이라는 고해苦海를 건너가며, 우리는 '실존實存'적인 질
문 앞에 순간순간 정면으로 마주치게 된다. 꼭 대단한 일이 아니더
라도 우리는 사소한 것 하나하나에도 그 의미를 다 물을 수 없을 정
도로 거대한 인생이라는 실마리에 눈뜨기 위해 하루하루를 살아간

다. 그리고 하루하루 정독을 하듯 인생이라는 페이지에 몸과 마음을 집중시켜야 한다.

　　청운의 꿈을 품고 힘차게 인생을 출발하고자 하는 순간
　　인생의 목표를 다시 정립하고 새로운 활력을 불태워보고자 하는 순간
　　자신만의 인생을 꾸리기 위하여 힘차게 한걸음 내딛는 순간
　　사람들 사이를 거닐며 사람이 살아가는 진정한 인생을 꺼내어 펼쳐보는 순간

　　우리는 본질적인 생의 접촉을 어느 순간 느끼게 된다. 우리 모두는 '나는 앞으로 어떻게 살 것인가?' 하는 질문과 자주 마주하게 된다. 친구와 때론 소주잔을 앞에 놓고, 가족들과 생활하는 가운데 마주치는 눈빛에서 혹은 격무에 지쳐 무겁게 퇴근하는 그 쓸쓸한 삶의 여정에서.

　　　　　　'내 인생 어떻게 되는 거지?'
　　　　　　'나는 잘 살고 있는 건가?'
　　　　　'앞으로 나는 어떻게 살아가야 하나?'
　　　　　　'이 길이 나의 길이 맞나?'
　　　　'이 순간이 나를 어디로 데려다줄까?'

우리들의 공통되는 질문에 이 책은 정성 들여 답하고자 한다. 대학에서 학업을 시작하건 직장에서 일을 시작하건 혹은 직장 생활의 중반에 이른 사람이건 아니면 다니던 직장을 사직辭職하고 이제 또 다른 인생을 시작해 보려는 사람이건 누구든 모두에게!

'너 자신을 한번 새롭게 정립해 보라고'
'그건 쉽지 않지만 그리 먼 지점은 아니라고'
'쓰러지더라도 아예 쓰러지지는 말라고'
'그리하여 다시 한 번 힘차게 솟아오르라고'
'책과 공부로 무장하여 내면의 힘을 다시 한 번 얻어보라고'

선인들도 그렇게 살았고, 자신의 길을 잘 헤쳐 나갔던 많은 선배들도 그러했노라고. 탄탄한 비단길만은 아니었기에 때론 힘들고 지친 여정 속에서, 때론 실로 혹독한 고독 속에서 자신을 다시 추스르고 앞을 향해 묵묵히 나아간 것이었노라고.

한 번밖에 없는 인생, 혼신의 힘을 다해 내 인생 불태워보자. 캄캄한 어둠 속에서 타오르는 촛불처럼 나를 먼저 정립하고, 주변까지도 밝혀보자. 그리고 자신에게 내재되어 있는 재능과 목표를 향해 나아가는 본능의 힘을 깨워 최선을 다할 수 있는 몫이 내 몫이 되도록 노력하고 노력하도록.

그리하여 내 인생의 마지막이 온 순간, 홀연히 가벼워진 몸과 마음이 되어, 새털처럼 날아가자.

'한세상 후회 없이 잘 살았노라고'
'치열하게 살았노라고'
'그래, 다소 힘들었으나 이만하면 잘 극복해 냈노라고'

2016년 2월
명륜동 연구실에서
권 기 헌

목차

"그림자를 두려워 말라. 그림자란 빛이 어딘가 가까운 곳에서
비치고 있음을 뜻하는 것이다."

루스 E. 렌컬Ruth E. Renkel

"신념이 행동으로 바뀌지 않는다면 무슨 가치가 있습니까?"

간디Gandhi

"아빠, 나도 아빠처럼 고시 준비할까?"

대학생이 된 큰딸 지민이가 물었다.

"그래? 고시가 네 적성에 맞을까? 공무원이 네게 좋을까? 그것 말고 다른 직장도 있잖아? 로스쿨, 학자, 펀드매니저? 한번 생각해 봐. 고시에 합격해서 공직생활을 하는 게 좋을지 아니면 법학전문 대학원에 가서 여성 인권변호사와 같은 전문직을 하는 게 좋을지. 아니면 국정전문대학원에 입학해서 정책학 분야의 학자가 되는 건 어때? 학문 탐구도 재미있고 무척이나 의미 깊은 일이잖니? 하지만 중요한 건 너의 선택이야. 진짜 이거다 싶은 걸 해야 네가 만족하지 않겠니?"

가난했던 보스턴 유학 시절 갓난아이였던 게 엊그제 같은데, 이런 대화를 하다니 이젠 이 아이도 참 많이 컸다는 생각에 감회가 새로워졌다.

현재 재직하고 있는 성균관대 학생들이 진로에 관한 조언을 구해 오면 나는 실질적인 답을 주기에 앞서 제자들에게 묻는다.

"자네의 꿈은 뭐야?"
"무슨 일을 하고 싶어?"
"가장 즐기면서 잘할 수 있는 일은 무엇일까?"
"직업과 흥미를 동시에 추구해야 해."
"10년 뒤 성공한 너의 모습을 그려 봐."

나는 문득 과거 19세 시절로 되돌아가 보았다. 그리고 대학 신입생 시절을 회상해 보았다.

'난 그때 어떻게 했었지?'
'어떻게 내 진로를 선택했었지?'
'어떤 계기가 있었지?'
'어떤 영향이 컸지?'

내가 만약 내 제자들, 성균관 프레시맨이 된 제자들에게 '인생에서 가치 있는 일들'과 '가슴 뛰는 꿈과 비전 그리고 열정'에 대해 강의한다면 어떤 말부터 어떤 방식으로 해주는 게 좋을까?

대학생이 된 내 아이에게 아버지로서 조곤조곤 말하듯이, 대학 생활을 첫출발하는 내 제자들에게 스승으로서 말해주듯이 지금 무언가를 나름 열심히 하고는 있지만 그것에 대한 확신과 신념이 부족한 이 시대의 젊은이들에게 내가 달려왔던 방식으로 성공의 로드맵을 제시해주고 싶었다. 그것이 이 글을 시작하게 된 계기이다.

다음 장부터 전개되는 제1강~제10강까지의 내용은 성공이 막연한 소망이 아닌 실현 가능한 목표라는 것을 제시하여 주기 위해 성공을 위한 전략과 실천 방안을 제시하고자 하였다. 1) 가슴을 설레게 만드는 목표를 설정하고, 2) 목표를 향해 뜨거운 열정을 가지고, 3) 그리고 일관된 노력을 갖춘다는 것. 이것들을 두루 체화한다면 그 목표는 기필코 달성할 수 있으리라 나는 확신한다.

한편 아버지로서, 교수로서 나의 자녀와 제자들에게 가시적인 목표만을 좇으라고 말하고 싶진 않았다. 지난 50여 년의 삶을 살아오면서 그 오랜 시간을 묵묵히 견디며 느끼고 체험했던 '삶의 지혜', '인생의 참다운 성공'에 대해 이야기해주고 싶었다.

생각해본다. 무엇이 성공인가? 부, 명예, 학식 등 모두 다 좋지만 인생의 참다운 '성공'이란 무엇인가? 자신 있게 말할 수 있는 진짜 성공은 무엇인가? 무엇을 가지고 '성공'했다고 말할 수 있을 것인가? 그리하여 함께 찾아보고자 했다.

'내 삶의 목표는 무엇인가?'

'왜 공부하지 않으면 안 되는 것인가?'

'내 인생, 설사 어렵더라도 끝까지 경주해야만 하는 이유가
무엇인가?'

'배우고 공부하여 내면이 충만해지면 무엇이 좋아지고
달라지는가?'

'그러면 어떤 좋은 일들이 일어나게 되는 것인가?'

갑자기 궁금해졌다. 톨스토이Leo Tolstoy는 어땠는지, 류영모의 삶은 어떠했는지, 우리의 선배들은 고전古典에서 뭐라고 했는지….

그러한 이야기가 여러분의 삶에도 도움이 되었으면 좋겠다. 그리하여 가치 있는 삶들이 더욱 많아졌으면 좋겠다. 인생을 새롭게 설계하는 20대들에게, 때론 삶의 여정에서 지치고 힘들어하는 바로 당신, 그대에게.

◎ **원석**原石

원석: 가공하지 아니한 보석. 가공의
정도에 따라 가치와 빛이 달라짐.

나는 어떠한 존재인가?
나의 가치는 어떻게 알 수 있을까?

그대는
거대한
보석과 같은
존재이다

"깊고 순수한 열망과 우리가 추구하는 삶의 목표가 서로 조화를 이룰 때,
우리의 삶은 강해질 것이며, 아름다운 멜로디가 울려 퍼질 것이다."

알베르트 슈바이처Albert Schweitzer

"바람이 불지 않으면 노를 저어라."

윈스턴 처칠Winston Churchill

그대는
거대한 보석과 같은 존재

인간은 어마어마한 가치를 지닌 보석과도 같은 귀한 존재이다. 그것은 마치 히말라야와 같은 크기의 원석처럼 값으로 측정할 수 없는 가치를 지니고 있다. 인간의 잠재력은 무한하며 그 무한한 존재가 꾸는 꿈은 무엇과도 비교할 수 없는 가능성을 지니고 있다. 특히 국가의 청년으로서 존재하는 대학생은 더욱 그렇다.

대학의 첫걸음을 내딛는 프레시맨들은 이것부터 깨달아야 한다. 내가 보석과 같은 존재라는 사실을. 자신이 어떤 존재이며 그 자체로 무궁무진한 가능성을 지니고 있다는 사실을. 그리고 그 원석을 지금부터 앞으로 4년 동안 어떻게 설계하고 다듬어서 최종적으로 어떤 작품을 만들 것인지 고민해야 한다.

그대는
히말라야와 같은 원석

어떤 학생은 자신이 보석이라는 사실을 잘 깨닫지 못하고 있다.

'내가 보석이야? 내가 무슨 보석이야! 보석다운 데가 어디 있다고?
내 처지는 이처럼 하찮고 곤궁한 걸….'

하지만 현재의 내 처지가 비록 하찮아 비루해보이고 곤궁해보인
다 할지라도 자신의 본연적 가치는 결코 줄어들지 않는다. 왜냐하면
내 안에 내재되어 있는 에너지는 지금 이 순간도 꿈틀거리고 있기
때문이다. 나는 그 어떤 것과도 바꿀 수 없는 '나만의 나'이다. 귀중
한 '나'로서의 자존自尊을 지닌 존재이며 이것은 누구도 빼앗거나 닳
게 할 수 없는 고유함이다.

대학은
4년간의 휴가

대학은 사회 혹은 가족이 여러분에게 준 4년간의 휴가(休暇)이다. '4년'이라는 기간은 그대들에게 통째로 부여된 백지수표다. 그것에 적을 의미를 자신 스스로 부여해야 한다. 만약 누군가가 마음대로 쓸 수 있는 백지수표 한 장을 주었다면 당신은 거기에 얼마를 적을 것인가? 아마도 하찮은 액수를 적진 않을 것이다.

이처럼 대학에 발을 내딛자마자 백지수표가 하얀 백색의 캔버스처럼 그대들 앞에 주어져 있다. 그 캔버스 위에 어떤 그림을 그릴지는 본인의 선택에 달려 있다. 자연화를 그릴지, 인물화를 그릴지, 초상화를 그릴지 등등. 또한 스케치는 연필로 할지, 붓으로 할지, 물감으로 할지 등등. 이 모든 선택은 나 자신에게 달려 있는 것이다.

그런데 이 '4년간'의 휴가는 신기하다. 그대들은 아마도 걸음마를 떼는 순간부터 간접적인 사회를 보고 배우는 고등학교까지 부모님들의 통제권하에 있었을 것이다. 중간고사, 기말고사 성적표는 어머니들에게 보고가 되고, 학원 성적을 포함한 모든 과정이 일일이 체크 대상이었다. 영어성적은 올랐는데 왜 수학성적은 떨어졌는지, 왜 언어논리는 성적이 오르지 않는지 등의 이 모든 것이 어머니들의 관심사항이었다.

그러나 이제는 아니다. 성인으로서의 첫걸음을 뗀 대학에서는 부모님들이 일일이 통제하지 않으며 통제하기도 사실상 어렵다. 이제 그대들은 통제권 밖에 있는 것이다.

그런데 그 결과는 4년 뒤에 고스란히 나타난다. 어떤 학생은 고시 합격 혹은 대학원 수석 입학으로 영광의 기쁨을 누리기도 한다. 또 어떤 학생은 취업 실패, 국가고시 실패 등으로 자존감이 바닥을 치고 '미래에 대한 불안'에 괴로워하기도 한다. 이처럼 이 기간은 블랙박스blackbox와 같은 '4년'이라 할 수 있다. 이 블랙박스는 대학을 다니는 동안은 열어볼 수 없지만 4년 뒤에는 그 결과가 고스란히 드러나는 그런 냉철한 블랙박스인 것이다.

내가 몸담은 성균관대는 행정학과 졸업식에서 학생들이 한 명 한

명씩 앞으로 나와 여러 하객들 앞에서 지난 4년간의 감회를 짤막하게나마 발표하는 시간을 갖곤 한다. 지나간 기간 자랑스러웠던 점, 고마웠던 점, 안타까웠던 점, 후회스러웠던 점 등을 발표한다.

이때에도 참 다양한 모습과 마주할 수 있다. 지난 4년을 아주 짧게 말하는 학생이 있는가 하면 조금 길게 소회를 밝히는 학생들도 있다. 국가고시를 합격해서 꿈을 이루고 나간다고 자신 있게 선언하는 학생이 있는가 하면 크게 할 얘기가 없어 머뭇거리는 학생들도 있다.

이들에겐 어떤 차이가 있는 것일까? 그것은 바로 대학 4년간을 신입생 초기에 어떻게 설계했는가의 차이일 것이다. 그리고 그 설계는 여러분들의 목표 설정에 달려있다고 해도 과언이 아니다.

지금 당장
목표를 설정하라

    그대들은 지금 당장 목표를 설정하기를 바란다. 물론 쉽진 않을 수도 있다. 그러나 '의도적인' 노력을 해서라도 목표를 빨리 설정하는 것이 필요하다. 이 책을 집필하는 목적 중의 하나는 대학 신입생들이 가급적 빨리 인생의 방향을 설정할 수 있도록 도와주는 데 있다. 그것이 바로 의심의 여지없이 그대들 미래의 초석이 될 것이기 때문이다.

    목표 설정의 시작은 나 자신에 대한 질문부터 시작된다.

'나에게 관심을 끄는 분야는 어디인가?'

'내가 잘할 수 있는 일은 무엇인가?'

'내가 진정 원하는 일은 무엇인가?'

'내가 흥미를 잃지 않고 즐기면서 몰입할 수 있는 일은

무엇인가?'

'무엇을 하고 있는 미래의 나를 꿈꾸는가?'

질문에 대한 답을 찾는 것이 어렵다고 느낄 수 있다. 그러나 답은 멀리 있지 않다. 어떤 한 권의 책이나 강사의 한마디가 도움을 줄 수도 있고, 한 편의 영화나 드라마 혹은 소소한 경험이 도움을 줄 수도 있다. 때로는 뜻하지 않은 멘토와의 만남이 혹은 우연한 기회에 신문이나 잡지에서 본 인터뷰 기사가 자신의 이상적인 롤모델이 되는 데 촉매제가 되기도 한다.

간단하다. 자신의 내면의 소리에 귀를 기울여 보라. 하루 잠자기 전 5~10분이라도 아니, 걷다가 그저 스치는 생각이라도 '나는 어떤 인생을 살 것인가?', '나는 무엇을 하며 살 것인가?', '내게 있어 신나는 일은 무엇인가?'라고 하는 질문을 스스로에게 해보기 바란다. 자신의 가슴에서 우러나는 내면의 소리에 귀 기울이면서 진정 자신이 무엇을 원하고 있는지를 파악해 보라. 내면은 바라볼수록, 들어볼수록 자신이 잠재워왔던 어떤 열망을 일깨워줄 것이다.

꿈꾸는 젊은이는
그 자체로 아름답다

미래를 향한 꿈과 비전을 지닌 젊은이는 그 자체로 아름답다. 꿈과 비전을 가진 젊은이는 그 자체로 당당하며 내적 지향의 존재inner-oriented being이다. 자신의 목표가 명료하기에 내면은 활기로 가득 차 있으며, 자신의 이상理想을 응시하면서 자신의 목표를 향해 한 발 한 발 다가기에 그 내면은 꿈틀거리는 힘을 가지고 있다.

반대로 꿈과 비전이 없는 젊은이는 살아있지만 살아있다고 할 수 없다. 꿈과 비전이 없는 삶은 죽은 삶과 같으며, 열정이 없는 삶은 시든 꽃과 같다고 볼 수 있다. 간절한 목표와 이를 이루고자 하는 열정은 우리가 목표에 접근하고 이를 달성할 수 있도록 방향점을 제시하는 나침반과 같다.

또한 그 목표의 간절함은 자석과도 같이 우리가 달콤한 성취를 얻을 수 있도록 이끄는 원동력이 될 것이라고 자신 있게 말할 수 있다. 어떤 분야이건 성취에 도달한 사람들을 조금만 자세히 관찰해본다면 그들 모두는 남다른 열정을 가지고 있음을, 멀고도 고단한 길이지만 열정을 가지고 달려왔음을 공통적으로 발견할 수 있을 것이다.

하물며 젊은이가 가슴 뛰는 꿈과 열정을 갖고 있지 못하다면 정말 애석한 일이다. 젊다는 것은 무엇인가? 진정한 젊음은 무엇이든 될 수 있다는 충분한 가능성을 나타내는 것이다. 공직자, 국제변호사, 금융컨설턴트, 펀드매니저, 국제기구 공무원, 국제 호텔리어, 우주정책 전문가, 도시계획 전문가, 디자이너 등 누구나 존경받는 직업의 주인공이 될 수 있는 것이다. 그렇기 때문에 젊어서 꿈과 열정이 없다는 것은 이처럼 무한한 가능성을 시간 저편으로 떠나보내는 것과도 같다. 다가갈 생각도 않고 미리 포기하는 것과도 같은 것이다.

꿈과 비전이 없는 젊은이는 유혹에 흔들리기 쉽다. 방향 감각을 상실한 채 엉뚱한 방향으로 흘러갈지도 모른다. 그러므로 빠른 시간 내에 자기의 가슴을 설레게 할 만한 꿈과 비전을 찾는 것이 매우 중요하다. 동시에 끊임없는 자기와의 대화를 통해 그 방향이 자신이 진정으로 원하는 길인가를 되짚어보아야 한다. 자신의 생애를 다 바쳐도 좋을 만한 꿈과 비전을 가슴에 새겨야 한다.

자, 우리도 한번 생각해 보자.

'내 생애 모든 것을 다 바쳐도 좋을 꿈과 목표는 무엇인가?'

실전 **TIP**

· 가슴 터질 것 같은 꿈과 열망을 가져라! 목표는 가슴이 진정 설레는 것이라야 살아있는 목표이다. 어떤 목표가 나를 가장 설레게 하는지 자신을 한번 묵묵히 바라보고 오늘 당장 그 목표를 종이에 적어보자.

· 책, 동기부여 강의 혹은 영화 가운데 가슴에 깊이 와 닿는 구절이 분명 있었을 것이다. 그걸 한번 종이에 적어보자.

· 멘토 혹은 지도교수를 찾아가서 자신의 미래의 꿈과 방향을 상의해보자.

◎ **꿈과 비전 그리고 소망**

꿈dream: 자신이 실현하고 싶은 막연한 희망.
비전vision: 자신이 실현하고 싶은 미래의 상像이나 이
미지image.
소망desirability: 어떤 일을 바라는 마음의 상태.

나의 꿈과 비전이 실현되기 위한 방법은 무엇인가?
꿈을 꿔라! 꿈을 가진 자는 쓰러지지 않는다.
가슴 깊이 소망하라! 나의 꿈과 비전이 현실이 된다.

제2강

가슴이
뛰어야
한다

"스스로 최고가 되지 않겠다고 말하면,
당신은 그 이상 영원히 넘어설 수 없을 것이다."

존 F. 케네디John F. Kennedy

"그대의 꿈이 한 번도 실현되지 않았다고 해서 가엾게 생각해서는 안 된다.
정말 가엾은 것은 한 번도 꿈을 꿔보지 않았던 사람들이다."

에셴바흐Wolfram von Eschenbach

가슴이
뛰어야 한다

가슴이 두근거리며 터질 것 같은 꿈과 열망을 가져라! 목표는 가슴을 설레게 하는 것이어야 하며, 그것이야말로 살아 있는 목표이다. 진정 가슴이 터질 것 같은 열망으로 가득 차 생각만 해도 벅차오르는 꿈과 목표를 발견했다면 몸과 마음을 다해 열정적으로 그리고 뒤돌아보지 말고 매진하라.

자아실현의 목표는 자신에게 가슴 설레는 것이어야 한다. 가슴 터질 것 같은 열망! 정말 한번 실현해 보고 싶은 염원 말이다. 간절한 염원과 지극한 정성이 생길 수 있는 목표를 세우자. 언제라도 친구가 다가와 옆구리를 쿡 찌르며 묻더라도 "나의 간절한 꿈은 ○○○다!"라고 바로 대답할 수 있도록 늘 자신의 목표를 마음속에 새기고 염원하라.

목표는 명료해야 하며, 목표에 대한 자신의 노력은 일관되어야 한다. 목표에 대한 자신의 자세가 일관되지 않다면 그리고 목표에 대한 마음이 명료하지 못해 그것이 있으나 마나 한 목표라면 자신의 뇌에게 혼란만 줄 뿐이다. 이러한 혼란은 애꿎은 에너지만 낭비할 뿐이며, 거듭될수록 자신의 뇌는 더 이상 자기 자신이 목표를 진실하게 생각하지 않는 것으로 간주하고 말 것이다.

자신감은
어떻게 생기는가?

자신감은 성취를 통해 생긴다. 인간은 자신의 힘과 노력, 열정을 통해 작은 성취라도 이룩했을 때 자신감自信感이 생기며, 그것이 충만히 쌓여 비로소 자존自尊하게 된다. 그리고 이러한 과정으로 인간 본연의 자아실현이 완성될 수 있다.

목표 성취를 위해서는 간절한 목표가 먼저 필요한데, 이때 목표는 앞서 말한 것처럼 명료하고 일관될수록 좋다. 명료한 목표, 일관된 노력, 더불어 뜨거운 열정까지 고루 갖췄다면 못할 일이 없을 것이다. 명료한 목표에 일관된 노력이 따르게 되면 뇌간의 망상피질활성계가 작동하게 된다.

뇌 과학자들은 입을 모아 "뇌간의 **RAS**Recticular Activating System라고 불리는 손톱만한 크기의 격자 모양인 망상피질활성계가 작동하게 되면 목표를 100% 완수하게 된다."라고 말한다. 이는 첨단 미사일의 자동추적장치와도 같은 것이다.

〈그림1〉 자아완성의 단계: 자신감은 어떻게 생기는가?

| 자아완성 |
| Self-Realization |

↑

| 자존감 |
| Self-Respect |

↑

| 자신감 |
| Self-Realization |

↑

| 목표성취 |
| Self-Realization |

↑

| 뇌간, 망상피질활성계 |
| Self-Realization |

↑

성공요인	• 명료한 목표
	• 일관된 노력
	• 뜨거운 열정

꿈꾸는 자가
꿈을 이룬다

    비전은 '바람직한 미래상'이다. 비전은 자신이 진정으로 원하는 미래이며 그것을 상상력을 통해 그려내어 창조해 내는 능력이다. 가슴속에 뛰는 꿈과 비전을 가진 사람, 비전을 소중히 여기는 사람, 자신의 비전을 스스로를 오래 바라보고 올바른 방향으로 설정한 사람, 높은 이상을 가슴속에 품고 열정적으로 다가가는 사람은 언젠가는 자신이 세운 목표를 성취할 수 있다.

    비전이 있는 사람과 없는 사람의 차이는 시간이 갈수록 분명해진다. 단적으로 말해, 비전을 가진 사람은 혹여 지금 당장이 어렵고 힘든 상황에 놓여 있어도 목표를 향해 힘차게 자신의 길을 걸어갈 수 있다. 자신이 '앞으로 되어야 할 모습'을 구체적으로 명확하게 가슴

속에 그리고 있기 때문이다. 이에 반해 비전이 없는 사람은 세월이 지나도 발전하지 못하고 제자리에 머물러 있거나 오히려 퇴보하게 된다.

성공한 사람들은 하나같이 자신의 비결이 '분명한 비전과 목표'라고 말한다. 분명한 비전과 목표가 있으면 자신의 에너지와 역량을 한곳에 집중시킬 수 있기에 그들의 성공은 그 밑거름으로부터 다져진 것이다. 그리하여 비전과 목표를 향해 도전해 볼 의욕이 생기게 되며, 그 방향으로 주도적인 삶을 살게 된다. 이를 정리해서 말해본다면 바로 '내적 지향형 인간'이라고 할 수 있다. 비전과 목표가 분명한 사람은 자신의 인생의 주인이 되며, 미래를 주도하는 사람이 된다.

비전은 바람직한
미래상이다

비전은 '현재는 존재하지 않지만 장차 실현될 형상에 대한 명확한 모습'이다. 그것은 바람직한 미래를 구상하는 강한 정신적 이미지이다. 비전을 가진 사람은 현재의 상태를 넘어서 현실을 헤쳐 나간다. 더 큰 꿈을 꿀 수 있는 내일을 발견한다. 따라서 비전을 가진 자는 현재의 모습 이상의 모습인 것이다.

미래에 집중하도록 하는 것이 비전의 본질이다. 비전은 계속해서 안주하거나 과거를 되풀이하려 애쓰는 것이 아니라 미래에 대한 생각에 집중하게 만든다. 자신의 부족한 점을 깨닫게 하고, 부족함을 채워나가기 위해 부단히 노력하게 한다. 스스로 목표의식을 잃지 않도록 나 자신을 채찍질하는 구심점이기도 하다.

때때로 사람들은 이렇게 말한다. "좋았던 옛 시절로 돌아가자." 우리는 과거가 주는 교훈을 통해 보다 나은 미래를 설계하고 일을 추진할 필요는 있지만, 그곳으로 되돌아가서는 안 된다. 마일즈 먼로가 『비전의 힘』에서 강조하듯이 비전은 항상 미래지향적이어야만 한다.

사람은 살아가면서 누구나 꿈을 가지고 있다. 그 꿈이 인생에 활력소를 불어넣고 미래에 대한 희망을 심어준다. 내게도 꿈이 있었다. 대학교 재학 시절, 나의 꿈은 '재학 중 고시합격'이었다. 그 꿈은 내게 가슴 터질 것 같은 열망으로 다가와 너무나도 되고 싶은 마음에 종이에 써서 책상 위에도 붙여놓고, 수첩에도 적어 놓고, 매일 주문처럼 외우고 다녔던 꿈이었다.

고시에만 합격하면 금방이라도 날아갈 듯한 상상을 하면서 내 마음은 희망으로 그리고 설렘으로 벅차 있었다. 고시에 합격하면 고급 공무원으로 입신하여 나와 조국의 발전을 함께 도모한다는 그럴듯한 명분을 가져보기도 했다. 공직에 입문하여 공익公益에 봉사하며, 그 과정에서 자아실현의 길을 걷는 것은 매우 좋아 보일 뿐 아니라 더없는 행복으로 여겨졌다. 당시의 나에게 사회 공동체의 문제를 고민하는 공직은 매우 가치 있는 일이었으며, 국가와 사회발전을 주도하는 지식관료가 되는 일은 매우 가슴 벅찬 일이 아닐 수 없었다.

그렇기 때문에 터질 것 같은 열망熱望, 생각만 해도 가슴에 벅차오르는 꿈과 비전, 상상만으로도 나를 행복으로 충만하게 하고 설레게 하는 목표, 멋진 미래상에 대한 간절한 염원! 그것은 당시 나에겐 '재학 중 고시합격'이었다.

꿈과 비전을
구체화하라

최근 '투자의 귀재'라고 불리는 세계 최고의 부자, 워런 버핏은 자신의 모교인 컬럼비아대학 연설에서 "돈보다 자신이 좋아하는 일을 하라."라고 강조했다. 그리고 "그 꿈과 비전을 구체화하라."라고 역설했다.

워런 버핏의 말처럼 우리는 자신의 가슴을 뛰게 하는 일에 우선순위를 두고, 열정적으로 몰입하되, 자신의 꿈과 목표를 구체화해야 한다. 만약 자신의 목표가 추상적인 꿈과 비전에 따라 설정된 추상화된 방향으로 이루어져 있다면 이것은 큰 소용이 없다.

당장 시작하자. 원대한 꿈 그리고 간절한 비전을 가슴에 품고 있다면 이제는 이러한 꿈과 비전을 좀 더 현실적인 목표를 가지고 앞으로 나아갈 수 있는 발판으로 구체화해 보자. 구체화된 꿈과 비전은 현실로 나타나게 될 것이다.

디테일하게
상상하라

　　원대한 꿈이 자신에게 가슴이 설레도록 다가오려면 그 꿈의 매력이 디테일하게 시각화될 수 있어야 한다. 즉 그 꿈이 왜 자신에게 매력적인지, 그것이 실현되고 나면 구체적으로 왜 자신에게 이득인지, 왜 그것을 그토록 달성시키고 싶은지에 대해 좀 더 명확히 비주얼visual하게 그림이 그려져야 한다. 그리고 거기에는 자신의 간절한 소망이, 가슴속 울림으로부터 느껴지는 자신만의 간절한 정성이 담겨야 한다.

　　앞서 말한 바와 같이, 나는 대학 재학 시절 행정고시를 합격하고 나면 '엄청 멋있을 것 같은' 생각으로 가득 차 있었다. 그래서 '꼭 합격하고' 싶었다. TV 사극에서 어사화를 꽂은 장원급제자의 모습은 멋있었고, 국가고시에 합격하여 중앙부처의 사무관으로 정책을 기획하고 입안한다는 사실 그리고 그것으로 인해 국가발전에 큰 영향을 미칠 수 있다는 사실은 매우 리얼real하게, 품격品格 있게 다가왔다.

　구체적으로 그렸던 비전은 내가 고시 공부 중에 좌절이 오거나 유혹에 흔들릴 때에도 나의 자아상을 비주얼하게 복원시키는 데 큰 힘이 되어주었다. 디테일하게 상상하는 것, 그것은 나의 경우처럼 당신에게도 쉽게 쓰러지지 않는, 목표를 향한 매우 강력한 동기를 제공해 주는 것이다.

세계 최고가 되는
꿈을 꾸어라

　자아실현을 향한 목표는 자신을 발전시킬 수 있는 계기가 된다. 지속적인 자신의 발전은 자아실현에 가까워지는 토대가 될 수 있게 한다. 하지만 지속적인 발전을 위해서는 장기적이고 보다 원대한 꿈이 있어야 한다. 눈앞에 보이는 단기적 이익이 아닌 한 발자국 떨어져서 나의 모습을 지켜보고 보다 원대한 방향으로 나아갈 수 있어야 한다.

　이것을 가능하게 하는 것이 바로 '롤모델'이다. 원대한 꿈을 좇아가는 작은 노력들이 모이다 보면, 어느새 내가 가고자 했던 방향으로 나를 이끌어 갈 것이다. 자신의 발전을 이루고 자신의 한계를 뛰어넘을 수 있는 원대한 꿈이자 롤모델은 외면적 성공과 내면적 성공 모두를 이끌어주는 '나침반羅針盤'이 될 것이다.

가슴 깊이 바라고
소망하라

자신의 원대한 꿈을 늘 깊숙이 새기고 되고 싶은 목표를 가슴 깊이 바라고 소망하라. 늘 마음속으로 외치고 다짐하여야 한다. '된다. 된다. 나는 된다!', '한다. 해야 한다. 할 수 있다!' 구호와 함께 늘 외우고 다짐 또 다짐하라. 수첩과 휴대폰과 같이 늘 소장하는 물건에 새겨두고 바라보며 가슴 깊이 간직하고 소망하여야 한다.

또한 책상 등 눈에 보이는 곳에 써놓고 시각화하라. 그런 사소한 행동들이 모여 이루는 힘은 당신이 생각하는 것보다 훨씬 원대하며, 꿈에 한 발짝 더 나아갈 수 있는 원동력이 되어줄 것이다.

꿈을 구체적으로
기록하라

당신도 월트 디즈니처럼 꿈의 가능성을 열어 놓고, 자신의 생각을 발판 삼아 선명하고 구체적이며 실현가능한 꿈을 기록해 보라. 머릿속에 넣어둔 꿈은 열정으로 연결되기 어렵고 몽상에 불과할 수 있다. 그러므로 꿈을 반드시 종이에 적어보라. 시각화하라. 보이지 않을 것 같은 꿈들을 내면의 눈으로 시각화하여 나 자신을 확신시켜라. 그 효력은 그대에게 마법처럼 작동할 것이다.

"나는 백화점에 입점하기 전부터 에스티로더의 제품이 대형백화점에서 엄청난 판매고를 달성하는 모습을 생생하게 꿈꾸곤 했습니다. 백화점에 입점할 때마다 하루에도 수백 번, 수천 번씩 그렇게 했습니다. 꿈을 시각화하십시오. 만일 당신이 마음의 눈으로 이미 성공한 나의 꿈, 목표, 계획 등을 볼 수 있다면 실제로 그런 일이 일어날 가능성은 훨씬 높아집니다."

– 에스티로더 창업주 에스티로더 자서전 中

목표는
명료할수록 좋다

"1979년 하버드 MBA 전략강의 중 졸업생들에게 '명확한 장래 목적을 설정하고 기록한 다음 그것을 성취하기 위해 계획을 세웠는가?'라는 질문을 해보았더니 졸업생의 3%만이 목표와 계획을 세운 것으로 밝혀졌다. 13%는 목표는 있었지만 그것을 직접 기록하지는 않았고, 나머지 84%는 학교를 졸업하고 여름을 즐기겠다는 것 외에는 구체적인 목표가 전혀 없었다.

10년 후 그 질문 대상자들을 다시 인터뷰했다. 목표는 있었지만 그것을 기록하지 않았던 13%는 목표가 전혀 없었던 84%의 학생들보다 평균적으로 2배의 수입을 올리고 있었다. 그리고 너무나 놀랍게도 명확한 목표를 기록했던 3%의 졸업생들은 나머지 97%의 졸업생보다 평균적으로 10배의 수입을 올리고 있었다. 그 그룹들 사이의 유일한 차이는 졸업할 때 얼마나 명료한 목표를 세워두었는가 하는 점이었다."

– 마크 맥코백, 『하버드 경영대학원에서 가르쳐주지 않는 것들』 中

목표는 명료할수록 좋다. 그리고 노력은 일관되어야 한다. 세상에서 어떤 분야이든지 성공한 사람들에게는 공통요인이 있다. 그것은 바로 그들에게는 명료한 목표가 있었다는 것, 목표를 향한 일관된 가치관과 신념이 있었다는 것이다.

비전과 목표는 꾸준한 내면과의 대화를 통해 자신이 진정으로 원하는 미래를, 상상력을 내면의 눈으로 창조해 내는 능력이다. 가슴 속에 뛰는 꿈과 비전을 가진 사람, 비전을 소중히 여기는 사람, 높은 이상을 가슴속에 품고 열정적으로 다가가는 사람은 언젠가는 의심의 여지없이 자신이 세운 목표를 성취할 수 있다.

꿈이 있는 사람과 없는 사람의 차이는 시간이 갈수록 분명해진다. 비전을 가진 사람은 지금 어렵고 고된 힘든 상황에 놓여 있다 하더라도 위대하고 진실한 목표를 향해 힘차게 전진할 수 있게 될 것이다. 그것은 바로 비전이 앞으로 '되어야 할 모습'을 구체적으로 그리고 명확하게 제시해 주기 때문이다. 이에 반해 비전이 없는 사람은 세월이 지나도 발전하지 못하고 퇴보하게 된다.

그렇다면 미래의 꿈과 비전을 올바르게 설정하는 데 있어서 도움을 주는 요소들은 어떤 것들이 있을까?

① 새로운 미래를 개척하고자 하는 열망
② 세상에 대한 폭넓은 안목
③ 과감한 도전의식
④ 불굴의 용기
⑤ 긍정적 마음
⑥ 미래에 대한 밝은 희망
⑦ 굳센 믿음

성공한 사람들은 자신의 성공비결이 '분명한 비전과 목표'라고 말한다. 분명한 비전과 목표가 있으면 자신의 에너지와 역량 그리고 재능을 한곳에 집중시킬 수 있다. 또한 비전과 목표를 향해 도전해 볼 의욕을 갖추게 되며, 그러한 방향으로 주도적인 삶을 살게 된다. 이를 일컬어 '내적 지향형 인간'이라고 한다. 비전과 목표가 분명한 사람은 자신의 인생의 주인이 되며 미래를 주도하는 사람이 되는 것이다.[1]

꿈이 있는 자는
쓰러지지 않는다

많은 사람들이 꿈을 가지는 것을 두려워하는 것은 실패에 대한 두려움에서 기인한다. 꿈을 갖기 이전부터 그것을 실패했을 때의 좌절감과 쓴맛을 먼저 생각하니 섣불리 꿈을 가질 용기가 나지 않는 것이다.

어느 누구나 꿈을 달성해 나가는 과정에서 좌절감을 느끼게 된다. 대외적으로 성공한 사람들도 그 과정을 면밀히 보면 숱한 좌절과 실패를 딛고 자신의 꿈에 도약해 성공한 것임을 알 수 있다. 이렇게 숱한 좌절과 실패에도 불구하고 그들이 꿈을 이룰 수 있었던 원동력은 무엇일까?

그것은 바로 치열하게 꿈을 포기하지 않고, 그 꿈을 꾸준히 생각하며 끊임없이 그 꿈을 위해 자신과의 외로운 싸움을 계속했기 때문이다. 인생에서 역경은 없을 수 없다. 단 한 번의 역경도 없는 인생은 없다. 넘어지고, 깨지고, 다시 일어서는 것. 그것은 우리의 타고난 운명과도 같은 것이다. 제아무리 강해 보이는 사람이라도 가까이서 관찰하면 그렇지 않을 수도 있다. 인간은 원래 연약하기도 하고, 유혹에 약하기도 하고, 실패에 끝없는 좌절을 느끼기도 한다. 비단이것은 나만의 문제가 아닌 것이다. 모두 그러한 과정과 감정을 거치게 된다.

그러나 성공한 사람과 실패한 사람의 가장 큰 차이는 실패와 좌절의 이후에 나타난다. 넘어졌을 때 최선은 일어나는 것이다. 할 수만있다면, 아무 일도 없었던 것처럼 툭툭 털고 일어서서 앞으로 나아가는 것이다. 그리고 곱씹어 보는 것이다. 나에게 부족한 부분은 무엇인지 그리고 내가 무엇을 배워야 하는지를.

때로는 성공한 사람의 빛나는 모습과 자신의 초라한 모습이 비교적으로 투영되면서 자신이 한없이 나약한 존재로 하찮아 보일 수도있다. 그러나 자책은 금물이다! 자기비하는 부정적인 길만 보여줄뿐이기 때문이다. 오직 스스로를 다독여야 한다. 자꾸 자신을 다독거려 격려해 주면서 자신만의 존재감 즉 자존감自尊感을 만들어 나가야 한다. 그리고 앞으로 한 걸음 한 걸음 무소의 뿔처럼 의연하게 앞으로 전진해 나가야 한다.

인생은 자연의 이치와 같이 매우 정직하다. 밭에 뿌린 씨앗이 비바람을 견디면서 달콤한 과실로 결실을 맺는 것처럼 우리의 인생도 고난과 역경을 견디다 보면 어느새 보람된 결과를 맺게 되는 것이다. 따라서 현재의 고난에 지지 마라! 고작 순간적인 어려움에 자신의 에너지를 낭비하지 마라! 작든 크든 끊임없이 자신과의 싸움에서 승리한 자만이 그 달콤한 결실을 맛보게 된다는 것을 반드시 기억하라!

포기는 아직 이르다. 포기는 모든 것을 쏟아부었을 때 해도 늦지 않다. 자신을 믿어라. 지금 느끼는 좌절은 나의 정신을 더욱 강하게 만들어 줄 것이다. 내 성공의 거름이 되어줄 것이다. 그리고 그 꿈을 좇다 보면 어느새 나는 어엿이 또 다른 성공한 사람으로서 누군가의 간절한 롤모델이 되어 있을 것이다.

뜻이 있는 곳에
길이 있다

뜻이 있는 곳에 길이 있다! 필자 역시 유학을 준비하던 과정을 생각해보노라면 이 말의 뜻을 새삼 되새길 수 있었다. 과거를 회상한 필자의 노트 한 구절을 보자.

"나는 그저 묵묵히 걸어 나갔다. 순탄치만은 않았다. 가다 보니 때로는 고비도 있었고 뜻하지 않았던 난관도 있었다. 토플TOEFL을 어떻게 보고, GRE(미국 대학원 입학시험)를 어떻게 보는가 하는 전략적 과정은 중요한 게 아니었다. 요즘과 같지 않게 정보를 구하기 쉽지 않았다. 정보를 얻기 위해서는 짬짬이 시간을 내어 발로 뛰어야 했다. 시간과 노력이 많이 요구되었지만 그것은 그렇게 큰 장벽이 되지 않았다.

내 발품을 팔아 어렵게 정보를 알아내고 일과가 끝난 후 틈틈이 시간을 마련하여 공부에 전념한 결과 토플 610점, GRE 1,370점을 받았고, 마침내 하버드대학에 합격할 수 있었다. 이것이 가능했던 것은 철모르는 시절이었지만 나에겐 꿈이 있었고, 가슴 뛰는 비전이 있었고, 가슴 설레는 열정이 있었고, 무엇보다 진지한 도전의식이 있었기 때문이다. 그 열매는 하버드대학 합격이라는 결실로 맺어졌다.”

이처럼 뜻이 있는 곳에 길이 있다. 나는 그때 이미 30대였고, 내 손에는 공무원이라는 남들이 우러러보는 현실이 있었기에 그 모든 것을 내려놓고 다시 시작한 데에는 상당한 용기가 필요했다. 또한 그 당시에는 요즘처럼 유학을 준비하는 사람이 많지도 않았을 뿐더러 전문학원 역시 흔하지 않았다.

하물며 요즘처럼 정보를 쉽게 구할 수 있는 시대에 하고자 하는 의지만 있다면 그때의 나보다 더욱 빠르고 효율적으로 목표를 달성할 수 있지 않을까? 정보력과 물리적 환경보다는 그 사람이 하고자 하는 의지에 달려있다. 열정에 달려있고 가슴 뛰는 비전에 달려있고 이를 이끌어가는 꿈에 달려있다.

지금 처한 환경, 현실의 문제는 큰 것에서부터 변화하는 것이 아니라 내 작은 가슴, 그 속에서 빛나는 작은 별에서 시작된다는 것을 잊어서는 안 된다.

실전 **TIP**

· 추상적인 꿈과 비전을 좀 더 현실적인 목표로 구체화해보자. 명확하게 시각화해보자. 연 단위, 월 단위, 주 단위, 일 단위로 쪼개서 구체화해보자. 구체화된 꿈과 비전은 마법처럼 당신의 현실로 나타나게 될 것이다.

· 자신의 원대한 꿈과 되고 싶은 목표를 '된다. 된다. 나는 된다!', '한다. 해야 한다. 할 수 있다!' 등의 구호와 함께 늘 외우고 가슴 깊이 새기고 다짐하라. 수첩과 휴대폰과 같이 늘 소장하는 물건에 새겨두거나 책상 등 눈에 보이는 곳에 써놓고 시각화하라.

· 꿈을 구체화하기 위해서 다음과 같이 단계적으로 생각해보자.

   ▶ 그대가 진정 하고 싶은 일은 무엇인가?
   ▶ 언제 그 일을 이루고 싶은가?
   ▶ 꿈을 이루기 위해서 감수해야 할 것은 무엇인가?
   ▶ 그 꿈이 '하고 싶은 일'이라면 관련된 그림이나 사진, 문장을 만들어서 잘 보이는 곳에 붙여 놓아라.
   ▶ 만약 꿈이 '소유하고 싶은 것'이라면, 직접 가서 눈으로 보거나 사진을 구해 눈에 띄는 곳에 붙여 놓아라.[2]

· 시련은 누구에게나 있다. 포기는 아직 이르다. 최악의 경우에도 자

신을 격려하며 앞으로 나아가라! 그러한 자세가 당신을 더 단단히 만들어 줄 것이다! 그러다 어느 순간 당신의 꿈이 당신 앞에 있을 것이다.

- 고생한 대가는 정직하다. 지금의 고난이 훗날 당신의 달콤한 결실의 토대가 될 것이다. 그러니 끊임없이 자신과 싸워라! 자신이 진정으로 원하고자 하는 바를 위해 투신하라! 자신과의 싸움에서 이긴 자만이 그 결실을 맛볼 수 있을 것이다.

◎ **참자아**眞我**와 거짓자아**假我

– 자아의 구분

정精	몸 (ID)	〈본능〉〈욕구〉		외면의 자아	
신神	마음 (EGO)	〈자존심〉〈이기심〉		내면의 자아	거짓 자아
		〈정신작용의 기록물〉			
	영혼 (SUPEREGO)	〈신성〉〈마음의 절대적 본성〉			참자아
		〈정신의 본체〉			

참자아(眞我)란 무엇인가?
참자아(眞我)를 얻기 위해선 무엇을
해야 하는가?

제3강

너의
진정한
자아를
찾아라

"거울에 한 자의 먼지가 쌓여 있어 나의 참모습을 볼 수 없는데,
거울이 없다고 할 것인가? 먼지를 닦아서 나의 참모습을 볼 것인가?"

불교경전

"이 세상에서 가장 훌륭한 질문은 바로 이것이다.
내가 이 세상에 살면서 가장 잘할 수 있는 것은 무엇일까?"

벤자민 프랭클린Benjamin Franklin

나는
누구인가?

성공한 인생을 설계하기 위해서는 전략적 사고가 필요하다. 전략적 사고는 미션-비전을 먼저 설정해야 한다. 미션과 비전이 정해지면 전략적 방향-전략목표-성과목표-성과지표 등을 세울 수 있게 된다. 그 후 전략적 방향부터는 구체적인 실천 방안 혹은 액션 플랜 Action Plan에 해당되므로 우선적으로 중요한 것은 미션과 비전이라고 할 수 있다.

미션은 '나는 누구인가'에 해당되는 대답이다.

'나는 왜 태어났지? 이번 생에 내가 해야 할 일은 무엇일까?'

제3강 너의 진정한 자아를 찾아라

69

사람은 누구나 태어난 이유가 있다. 단순한 우연으로 혹은 아무 목적도 없이 태어난 사람은 없다. 우주는 신성하고 고귀하며, 인간은 우주의 핵심적 존재이다. 신성한 우주의 핵심적 주체인 인간이 우연하게 아무런 목적도 없이 태어났을 리는 없는 것이다.

한번 곰곰이 생각해보자.

'이 생에서 나의 목적은 무엇인가?'
'나는 하나의 주체적 존재로서 무엇을 할 수 있는가?'
'나는 어떤 일을 통해 세상에 도움이 되는 사람이 될 것인가?'

비전은 보다 구체적인 진로에 해당된다. 로스쿨을 갈까, 행정고시를 볼까, 경영 분야로 가서 일을 할까 등의 진로 방향부터 국제변호사, 고위공직자, 펀드매니저, 경영컨설턴트와 같이 구체적인 직업의 선택과 연관되는 것이 바로 비전이다.

따라서 이러한 선택을 하기 이전에 근본적인 질문인 '나의 미션 소명은 무엇인가?', '나는 어떤 일을 할 때 가장 즐겁게 몰두할 수 있는가?'와 같은 질문을 스스로에게 던져 내가 추구하고자 하는 방향과 미션을 정립할 필요가 있다.

'나는 누구인가? 진정한 나의 자아는 무엇인가?'

우리의 자아는 참자아眞我와 거짓자아假我로 구성되어 있다. 참자아는 우리의 순수한 의식상태로서 이를 찾지 못한 상태에서는 생각, 감정, 오감에 휘둘리기 쉽다. 이러한 의식상태에서는 욕심貪, 분노瞋, 무지癡에 빠지기 쉬우므로 불교에서는 사람이 인생을 사는 동안 '참나 각성'을 위해 부단히 노력해야 한다고 강조한다.

〈그림2〉 마음의 구성: 참자아(眞我)와 거짓자아(假我)

거짓자아假我
생각, 감정, 오감의 자아
오감

안식	이식	비식	설식	신식
보는 대상	듣는 대상	냄새 대상	맛의 대상	촉감의 대상

참자아眞我
순수의식, 텅빈각성

본심자각 진여본체
本心自覺 眞如本體

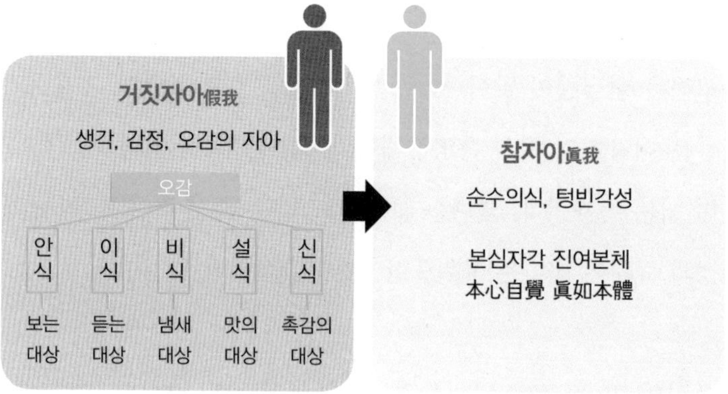

인간은
우주의 핵심 운영주체이다

고전은 한결같이 말한다. 우주의 기운은 살아있으며, 그중에서도 인간은 대자연의 핵심 운영주체이다. 대자연의 섭리와 이치를 고스란히 겪는 존재이다. 빛나는 보석과도 같은 존재 혹은 저 하늘의 초신성과도 같이 빛나는 파워풀한 에너지, 그것이 인간이다.

우리의 민족 고전인 『천부경』과 『삼일신고』는 말한다. "천지인天地人이 하나이며, 그중에서도 인人은 천지天地 대자연大自然 에너지의 핵심주체"라고 말이다. 따라서 인간은 그 무엇보다도 고귀하며 주체적 존재로서의 가치를 부여받은 신성한 존재인 것이다.

우주의 본체는 마음이고,
마음의 본질은 신성에너지이다

과거에 사람들은 우주가 원자라는 알갱이로 이루어졌다고 믿었던 때가 있었다. 하지만 양자역학은 그렇지 않다는 것을 밝혀주었다. 우주는 어떤 기본적인 알갱이로 이루어진 게 아니라 그 알갱이를 더 분해하여 들어가 보면 원자에서 원자핵, 원자핵에서 양성자와 중성자로 이루어져 있고 그 주변을 광전자들이 끊임없이 회전하고 있다는 것이다.

즉 우주의 본질은 물체를 쪼개어 들어가면 결국 광양자光陽子와 광전자光電子로 구성되어 있고, 이는 결국 마음인 생명에너지의 장으로 귀결된다. 그리고 그 본질은 불성에너지 혹은 신성에너지의 장場, field로 이루어져 있는 것이다.

〈그림3〉 우주의 본질적 구성: 우주와 마음

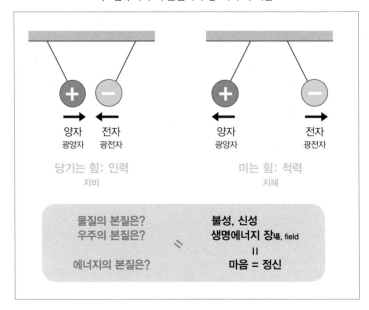

다석 류영모의
깨달음

"우리가 이렇게 헐떡헐떡 숨을 쉬어야 하는 몸생명은 참생명이 아니다. 하느님이 주신 얼나로 얼성령을 숨 쉬는 것이 참생명 참자아이다."

― 다석 류영모

"참자아를 얻은 한국의 대표적 사상가로는 다석 류영모 선생을 꼽을 수 있다. 즉 그는 우주의 본질인 신성에너지를 끊임없는 성찰과 수행으로 체득한 분이다.

그는 톨스토이의 가르침Tolstoism을 따라 평생 1) 채식할 것, 2) 하루 한 끼만 먹을 것, 3) 노동 혹은 걸을 것, 4) 땀 흘릴 것, 5) 생활은 간소화할 것 등을 실천하여 육체가 지니는 동물적 본능獸性(몸나·제나라고 불렀다)을 극복하고 진정한 참자아를 얻은 분이다.

류영모는 쉰한 살에서 쉰두 살 사이에 석가, 예수가 깨달은 최고의 경지인 구경각을 이루었다. 이는 공자가 말한 지천명知天命을 이룬 것이다. 어머니가 낳아 준 몸나가 아니고 하느님이 낳아 준 얼나를 깨달은 것이다."

– 박영호, 『다석 류영모』

류영모의 평소 수행이 얼마나 철저했는지는 다음의 구절에도 잘 나타나 있다.

"류영모는 일일 1식을 세상 떠날 때까지 40년 동안 지켰다. 하루에 저녁 한 끼니씩만 먹으면서 YMCA에서 강의도 매일 했다. 하루에 한 끼씩 먹는다고 특별히 많이 먹지도 않았다. 일일 1식을 실천하면서 하루 1백 리 길을 걷기도 하는 등 초인적인 삶을 보여주었다."

– 박영호, 『다석 류영모』

그의 정신적 수행은 개인적인 깨달음에 그치는 것이 아니라 '씨알의 소리' 함석헌 선생과 같은 후학을 양성하는 등 한국의 대표적인 사상가로서 존경받고 있다.

"나는 조금도 망설이지 않고 말할 수 있다. 이 나라가 낳은 다석 류영모야말로 이 나라가 세계에 내놓을 수 있는 차원 높은 독창적인 사상가이다…. 류영모가 세계적인 스승의 자리에 우뚝 설 날이 멀지 않으리라 확신한다."

– 박영호, 『다석 류영모』

본심자각
진여본체

우리 선조들은 참나 각성에 도달하기 위해 어떤 방법론을 제시했을까?

본심자각本心自覺, 진여본체眞如本體,

주일무적主一無適, 격물치지格物致知

'본심자각', 즉 "참자아를 놓치지 않고 본심을 자각하노라면" '진여본체', 즉 "우주의 본질이 스스로 드러난다."라고 하였다. 또한 "늘 한 가지에 집중集中하여 마음의 흔들림放逸을 없애는" '주일무적' 혹은 "치열하게 공부하여 사물의 이치와 지혜에 도달하려는" '격물치지'를 강조하였다. 불교에서도 '아미타불' 명호를 일념으로 외워서 원정핵圓靜核[3]에 도달하려고 하는 것도 같은 이치이다.

더 나아가 이렇게 얻은 우주적 진리를 바탕으로 진정한 덕치德治를 행함으로써 널리 인간을 이롭게 하여 평화로운 세상 홍익인간弘益人間과 제세이화制世理化를 구현하려고 노력하였다. 한마디로 말해 옛 선조들은 본심자각을 통해 진여본체에 도달하며, 주일무적과 격물치지를 통해 자신의 인생의 목표를 달성하고 완성하려 했던 것이다.

그러면 조금 쉽게 말해 오늘날 현대사회에서 본심자각을 하는 방법으로는 어떤 것들이 있을까? 본심은 '흐트러지지 않는 마음'이다. 이러한 '본심'에 잘 도달할 수 있게 도와주는 몇 가지 팁을 살펴보기로 하자.

• 마음을 고요히 갖고 되돌아보자. 하루를 마치고 자신의 하루를 되돌아보며, 늘 자신을 돌아보며 성찰하는 삶을 살라. 어려운 일이 아니다. 자신의 마음과 닿기 위한 노력을 게을리하지 말라. 자기 전 10분이라도 고요하게 명상하며 오늘을 돌아보고 내일을 계획하는 습관을 기르자.

• '나'라는 주어, '지금, 여기'라는 현재 의식에 집중해보자. 이것이 '참나 각성'의 지름길이다. '나는 −이다'에서 '배고프다', '슬프다', '우울하다' 등의 술어에 집중하지 말고, 바로 앞에 있는 가장 가까운 '나'라는 주어에 집중해 보라.

• '된다, 된다, 나는 된다.', '한다, 해야 한다, 할 수 있다.' 등 자신만의 문구를 정해 집중하는 습관을 길러보자. 자신의 미래상을 설정한 후 책상, 수첩, 휴대폰 등 눈에 보이는 곳에 메모로 붙여놓고 집중해보자. 그리고 그것을 늘 마음 깊이 두어 잃어버리지 않도록 하자. 이것이 또한 '주일무적'으로 가는 지름길이다.

• 평소 10분 독서하는 습관을 기르자. 하지만 단순히 그냥 읽는 것이 아니다. 밑줄을 긋고 메모를 해 가면서, 시간이 조금 더딜지라도 책을 '자기 것'으로 만들자. 독서를 치열하게 하는 몰입독서를 하루 10분 이상 실천하라. 이것이 우리 선조들이 했던 '격물치지'의 방

법론이다.

다음 장에서는 이러한 본심자각 혹은 참나 각성에 이르기 위해서 지식을 갖추어야 하는 이유, 즉 몰입독서의 힘과 방법론에 대해서 좀 더 알아보기로 하자.

◎ **지식: Knowledge**

지식: 어떤 대상에 대하여 배우거나 경험을 통하여 알게 된 현상에 대한 명확한 인식이나 이해. 지식을 관철貫徹, 관찰觀察 혹은 일이관지一以貫之하여 지혜가 생김. 독서를 통해 배우거나 경험을 통해 사물이나 현상의 이치를 명철明徹하게 알게 됨.

지식이란 무엇이며, 우리는 어떤 지혜wisdom or intelligence를 얻어야 하는가? 우리는 어떻게 지식과 지혜를 얻을 수 있는가?

지식을
갖추어야
한다

"사막이 아름다운 것은 어딘가에 물을 숨기고 있기 때문이다."

생텍쥐페리|Antoine de Saint-Exupéry

"청춘은 미래가 있다는 것만으로도 충분히 행복하다."

고골리|Nikolaj Gogol

그대의 내면은
초신성으로 빛난다

그대의 내면은 초신성으로 빛난다. 사람이 꽃보다 아름답다는 말
은 참 좋은 표현이다. 더 나아가 그대 내면의 별빛이 저 하늘의 별보
다 빛난다. 내면의 별빛을 더욱 질량감 있게 발전시켜라! 어둠을 덮
고도 남을 환함으로 가득 채워라! 자신의 가치를 업그레이드해보자.
겸손한 자세로 내게 다가오는 지식을 흡수하고 체득하자. 그것이 때
론 순풍이든 역풍이든.

우리가 완벽한 존재가 아니기에 때론 시련과 역풍이 올 수도 있
다. 사람들과의 관계 속에서 갈등이 발생할 수도 있고, 때론 우리 자
신의 모순과 결점을 알면서도 그것에 정면으로 대항하려 해결하려
는 노력이 부족하여 쉽게 못 고치는 경우도 있다. 자신의 잘못을 알

면서도 불행과 비난을 자초하는 수도 있다.

그러한 어려움은 우리 모두가 스스로 극복해야 한다는 사실을 잊지 말자. 겸허히 쓸어 마시자. 때론 비난도 달게 받자. 그것에서 학습하고 또다시 앞으로 나아가는 용기를 가지자. 우리가 앞으로 나아가는 한 '실패한 시련'이란 없는 것임을 명심하자.

"시련은 있어도 실패는 없다."

— 정주영 회장

일근천하
무난사

일근천하무난사 一勤天下無難事

백인당중유태화 百人堂中有太和

　"사람이 부지런하면 천하에 어려운 일이 없고 백 번 인내하면 안
될 일이 없다."라는 뜻이다. 번뜩이는 천재보다는 꾸준히 노력하는
사람이 뒷심을 발휘하는 법이다.

　김득신(1604~1684)은 조선 중기의 시인으로 호는 백곡柏谷이며 조
선을 통틀어 가장 부지런했던 독서가로 꼽힌다. 그는 어렸을 때 심
한 열병을 앓아 10살이 되어 겨우 글을 깨칠 정도로 둔재 중의 둔재
였다고 한다.

하지만 백곡 김득신은 그런 자신의 부족함을 알고 더욱 노력하였는데, 밤낮으로 책을 읽고 또 읽었으며 그렇게 읽은 책 중에 1만 번 이상 읽은 책이 무려 36권, 사기의 『백이전』만 11만 3천 번, 『목산기』 2만 번, 『중용서』와 『보망장』을 각각 2만 번 읽었다.

결국 58세에 과거에 급제하고 자신만의 독자적인 시 세계를 이루게 된다. 5언 절구와 7언 절구와 같은 시에 능하여 당대 최고의 시인으로 존경을 받았다. 당시 그가 쓴 시를 효종이 읽고는 중국의 시 가운데 넣어도 부끄러움이 없다고 칭찬을 아끼지 않았다.

끝없는 노력 끝에 노년에서야 백곡 김득신은 학문의 성과를 이룰 수 있었고 조선의 문학 수준을 한 단계 위로 올린 위인이 되었던 것이다. 다산 정약용도 "문자와 책이 존재한 이후 종횡으로 수천 년과 3만 리를 뒤져보아도 부지런히 독서한 사람으로 김득신을 으뜸으로 삼을 만하다."라고 했다.[4]

중용
23장

영화 「역린」에서는 정조가 상책에게 중용 23장을 외워보라고 하는 장면이 나온다.

작은 일도 무시하지 말고 최선을 다해야 한다.
작은 일에도 최선을 다하면 뜻이 정성스럽게 된다.

정성스럽게 되면 겉에 배어 나오고
겉에 배어 나오면 겉으로 드러나고
겉으로 드러나면 이내 밝아지고
밝아지면 남을 감동시키고
남을 감동시키면 이내 변하게 되고
변하면 생육된다.

그러니 오직 세상에서

지극히 정성을 다하는 사람만이

나와 세상을 변하게 할 수 있는 것이다.

– 중용 23장

이처럼 작은 일에도 무시하지 않고 최선을 다하는 자세에서 뜻이 정성스러워지게 된다. 뜻이 정성스러운 사람만이 진정으로 열중할 수 있게 되고 남을 감동시키게 된다. '뜻이 정성스러움'과 '자신의 일에 최선을 다하는 자세', 이것이야말로 나와 세상을 잇는 가교架橋가 되는 것이다.

우리도 한번 생각해 보자.

'나는 지금 작은 일도 무시하지 않고 정성을 다하고 있는가?'

'혹시 태만과 권태의 늪에 빠져 스스로에게
소홀하고 있진 않은가?'

'큰일만 해야 한다고 스스로 착각하고 있진 않은가?'

'그럼 어떤 일부터 실천해야 하는가?'

'남을 세상을 감동시키기 전에 나 자신이
감동할 준비는 되어있는가?'

격물치지
주일무적

우리 선조들은 격물치지格物致知를 공부의 원리로 삼았다. 격물치지란 "사물이나 책의 이치를 훤히 꿰뚫을 때까지 공부에 몰입하여 최고의 지혜에 이른다."라는 뜻이다. 우리 선조들은 배태胚胎, embededness 혹은 침윤浸潤으로 '서서히 젖어들어 몸에 밸 때까지' 소리 내어 독서하는 음독音讀의 방식을 선택하기도 하였다.

즉 이는 아침저녁으로 낭랑하게 읽어 몸에 밸 때까지 공부하여 자연스럽게 책의 이치를 명료하게 이해한다는 뜻이다. 격물치지는 곧 인의예지仁義禮智로 이어지는 인격 수양의 길이었으며, 훌륭한 리더가 되어 덕으로 세상을 다스린다는 수기치인修己治人의 전제이기도 하였다.

격물치지가 공부의 원리였다면, 주일무적主一無敵은 선비들의 삶의 자세였다. "한 가지에 집중集中하여 마음의 방일放逸을 없게 한다."라는 뜻이다. 남명 조식과 같은 분은 허리춤에 경敬과 의義가 새겨진 단검을 차고 안으로는 늘 고요한 마음을 지키는 경敬의 자세, 밖으로는 불의를 참지 않고, 정의를 실천하는 의義의 자세를 평생 마음에 새겼다고 한다. 퇴계가 강조한 '항상 공손한 태도를 견지하면서 이치를 궁구하는' 거경궁리居敬窮理와 '학식을 넓혀 심성을 닦으며 몸으로 익혀 실천하는' 함양체찰涵養體察도 같은 이치라고 하겠다.

한마디로 말해 치열하게 공부한 삶이었다. 늘 자신이 목표한 바를 가슴에 새기고 이를 일상의 삶 속에서 부지런히 체화體化하는 삶이었다. 이처럼 치열한 공부를 통해 한 발 한 발 자신이 목표한 바에 다가갔으며, 이를 통해 자신의 삶을 완성시키고자 하였다.

열공
하라!

열공하는 삶이란 평소 몰입독서를 병행하면서 착실히 공부하는 삶을 말한다. 공부하는 사람은 풍부한 지식으로 인해 마음의 풍요뿐 아니라 일상 삶에서도 마음의 여유가 생긴다. 한가하면 한가한 대로, 바쁘면 바쁜 대로 마음의 비축된 힘reserve power을 갖게 된다. 따라서 충분한 에너지와 함께 하루를 시작하고 마감할 수 있어 늘 평정심平靜心을 잃지 않게 된다. 그 결과 때론 마음이 명경지수明鏡止水와도 같이 맑은 삶을 살게 된다.

항상 공부하는 삶이 되어야 한다. 안중근 의사는 삶의 마지막 순간에 형장의 이슬로 사라지기 5분 전, 마지막 소원이 뭐냐는 질문에 읽고 있던 책을 마저 읽게 해달라는 답을 했다고 한다. 공부하는 정신의 본보기가 아닐 수 없다. 어려운 것이 아니다. '공부'라는 단어를 어렵게 생각하지 말고 그저 '공부'란 단어가 내가 오늘 먹는 음식이나 듣는 음악 같은 것, 즉 삶의 당연한 부분이라고 생각하면 된다.

공부를 통해 우리의 마음은 가지런해질 수 있으며, 우리는 비로소 참다운 여유를 갖게 되는 것이다. 이러한 여유는 안중근 의사의 삶처럼 가치 있는 자신만의 치유의 시간을 가져온다. 지금 당장 하루 10분이라도 시간을 내어 몰입독서를 실행해 보자.

하루 10분
독서의 힘

임원화 간호사는 분당서울대병원의 중환자실에서 근무하는 젊은 간호사이다. 그는 『하루 10분 독서의 힘』이라는 저술을 출판하여 많은 호평을 받은 바 있다. 그 책에서 임 간호사는 '몰입독서'가 어떻게 자신의 삶을 변화시켰는지를 잘 보여주었다.

그녀는 독서를 통한 공부에 몰입하기 전까지는 정신적으로 매우 많은 스트레스를 받은 과거의 사실을 일러주면서, 공부에 대한 몰입을 통해 이를 극복해 낸 새로운 삶의 아이콘을 보여주었다. 임 간호사는 지금은 저술가로서, 강연가로서 매우 성공적이고 행복한 삶을 영위하고 있다.

성공한 저술가로서 또한 동기부여 강연가로서 임 간호사는 다른 사람들에게 꿈과 희망을 주는 '책꿈 디자이너'로 '몰입독서'를 통해 비로소 거듭날 수 있게 된 것이다. 그야말로 '책'과 '공부'가 삶의 위기와 절망을 꿈과 희망으로 바꾸어 준 것이 아닐 수 없다. 임원화 간호사는 『하루 10분 독서의 힘』에서 다음과 같이 말한다.

"한 권 한 권 독서량이 쌓여가면서 점차 'input'이 많아졌다. 이는 내 머리와 가슴 안에 누적되면서 복잡하게 작용했다. 평범한 나도 책을 쓸 수 있다는 의식이 확장됐고 책으로 기록할 수 있는 알찬 삶을 살아야겠다는 다짐들이 쌓여갔다. 유명한 사람만 책을 써야 한다는 관점에 변화가 생겼다. 나는 책을 써야겠다는 생각을 과감히 실천으로 옮겼다….

누구나 꿈을 꾸고 열정적으로 노력하면 성공할 수 있는 잠재력을 갖추고 있다. 하지만 그 잠재력은 결핍과 계기가 있을 때 더 빨리, 더 큰 모습으로 나타난다. 힘든 현실과 막막한 상황에 부딪히더라도 더욱 절실히 원하고 치열하게 노력해야 한다. 생생하게 꿈꾸며 책을 놓지 말아야 한다."

– 임원화, 『하루 10분 독서의 힘』 中

더 나아가, 임원화 간호사는 『책을 쓴 후 내 인생이 달라졌다』에서 책 출간의 감회를 다음과 같이 피력했다.

"책을 쓰면서 내 인생은 180도 바뀌었다. 책을 읽으면서 느꼈던 속도감과는 차원이 다르다. 책을 쓰게 되면서 독서의 중요성을 더욱 실감하게 되었고 몰입 독서의 실천력 또한 지속적으로 유지되었다⋯. 책이 나에게 선사해주는 이 선물 같은 하루하루는 정말 눈물이 날 만큼 감격스럽다. 이 모든 것은 남들보다 조금 더 열심히 책을 읽는 것에서 비롯됐다⋯. 첫 출간의 기쁨을 정말 잊을 수 없다⋯.

책 읽는 것이 가랑비처럼 내 삶에 젖어들었다면 책 쓰기는 소나기처럼 세차게 내 삶을 적셨다. 책 쓰는 시간은 때론 막막하고 고통스럽기도 했으나 행복하고 충만한 경험이었다. 책을 쓰면서 진정 내가 하고 싶은 일을 하는 기쁨을 알았고 용기 내어 도전하는 삶을 살게 되었다."

– 임원화, 「책을 쓴 후 내 인생이 달라졌다」 中

명세지재와
함께한 여정

임원화 간호사의 글에 대한 열정과 더불어 또 다른 독서의 힘을 보여준 분으로는 강형 선생님이 있다. 그분은 경북 예천 산골에서 태어나 가난하고 어려운 환경이었음에도 불구하고, 이에 굴하지 않고 열심히 공부하여 초등학교 교사에서, 고등학교 교사 그리고 대학교 교수까지 지내신 자수성가한 분의 표본이라 할 수 있다.

또한 그분은 경북 최고의 명문 경북고등학교에서 가장 뛰어난 영어선생님이기도 했는데, 수많은 영어 교재와 함께 최근에는 '도서출판 행복에너지'에서 『명세지재들과 함께한 여정』이라는 훌륭한 책을 집필·출간하기도 하였다.

명세지재란 '한 시대를 바로잡아 구할 만한 뛰어난 인재'를 뜻한다. 『명세지재들과 함께한 여정』에서 강형 선생은 "평생 교직생활을 하면서 나의 사언행思言行이 젊은이들의 본보기가 되도록 정진하고 노력하는 수양심修養心이 있어야 한다는 것을 깨달았다."라고 말하면서 늘 실천하는 고스란히 삶 자체가 된 독서와 배움의 힘을 강조하였다.

강형 선생님은 『명세지재들과 함께한 여정』에서 치열한 노력의 중요성을 다음과 같이 말했다.

"학교까지 걸어서 오가는 2~3시간이 바로 시험공부를 하는 시간이었다. 그러니까 2~3시간 걸리는 등하교 시간을 이용해서 시험공부를 미리 해두었던 것이다. 등하교 시간 때 걸으면서 암기하고 사고하던 방법이 결국 몸에 배고 습관이 되어 중학교 졸업 이후에도 계속되었다.

걸으면서 공부하는 습관은 고등학교와 대학교 때도 계속되어 중요 과목을 늘 걸으면서 사고하고 암기해 두었다. 직장에서도 사고하며 걷는 습관은 많은 도움이 되었다. 이와 같은 버릇 이외에도 중학교 3년 동안 매일 왕복 20여 Km를 걷거나 뛰었던 것은 또 하나의 큰 재산이 되었다."

— 강형, 『명세지재들과 함께 한 여정』 中

그분은 공부하는 삶의 본보기답게 참다운 인재 양성에도 커다란 족적을 보여주었다. 정계·재계·학계에 이름만 대면 금방 알 수 있는 실로 어마어마한 '명세지재(가히 세상을 구할 만한 뛰어난 인재들)'들을 배출하기도 하였다.

또한 지금도 자신의 자아실현을 위해 부지런히 배우고 독서하면서 자신을 갈고닦아 나가는 모습을 보여주고 있다. 이러한 모습은 젊은이들은 물론 나에게도 정말 귀감이 될 만한 삶의 지표로서 다가오고 있다. 이러한 모든 성취는 독서와 공부 그리고 평생을 걸쳐 일관되게 추진해 온 그의 근면한 배움의 힘 덕분이 아니었을까 생각해 본다.

정신 수행의
중요함

부끄럽지만 필자의 경험 한 편을 공유해 보고자 한다. 젊은 날 노트의 한 자락을 펼쳐본다.

하버드대 박사과정에 진학한 이후, 사회에서 느낄 수 있는 다른 사람과의 소모적인 경쟁이 아니라 학문 그 자체에 몰입沒入하는 것이 정말 행복했다. 하지만 학문에 대한 몰입, 새로운 학문적 발견이라는 희열만으로는 그 힘겹고 외로운 시간들을 이겨내기는 힘들었다.

때론 밤을 새워 학문적 논리를 전개하다가 '학문의 진주'를 발견하고는 표현할 수 없는 희열을 느꼈으나 마음 한구석에는 묘한 허전함이 남았다. 그럴 때면 하버드대학 근교에 위치한 법당으로 달려가서 절도 하고 명상도 하였다.

하버드대학에서 북쪽 방향으로 약 30분 거리에 문수사文殊寺 라는 한국 사찰이 있다. 해인사海印寺에서 참선수행을 많이 하신 도범道梵 스님께서 창건하신 한국 사찰이었는데, 주지 스님 은 이때 나에게 정신적 스승이 되어 주셨다.

연구가 조금 잘되어도 기도하러 가고, 연구가 조금 막힐 때 도 기도하러 갔다. 기도가 잘되는 날은 철야정진을 하였다. 저 녁에 법당에 들어가 관음정근觀音精勤을 하면 새벽까지 한마음 으로 고요한 선정禪定에 드는 날이 많았다.

어느 추운 겨울날, 새벽 예불을 하러 들어오신 스님께서는 한자리에 앉아 몸이 거의 얼어붙어 있는 나를 발견하시고 놀라 서 얼른 방으로 업고 가 아랫목에 눕히고는 몸을 주물러 주시 기도 하였다.

당시 스님께 많은 혜택을 입었고, 많은 가르침을 받았다. 스 님께서는 내게 현산賢山이라는 법명을 지어 주시면서, "서양의 학문과 동양의 지혜를 겸비한 어진 산이 되라."라고 덕담해 주셨다. 남들은 공부하기도 바쁜 시간에 정신수양까지 하느냐고 볼멘소리를 하는 경우도 있었지만, 스님과 함께한 몇 년은 깊은 고요함 가운데 가슴속에 풍요로운 영감을 불러일으킨 시간이었다.

맑아짐에서 오는 지혜智慧를 배웠고, 고요함에서 오는 선정禪定을 배웠다. 그리고 이러한 맑음과 지혜, 선정은 나에게 학문에 더욱 몰입할 수 있고, 인식의 깊이를 보다 깊게 해주는 자양제가 되어주었다.

공부하는 힘
살아가는 힘

우리는 공부를 통해 배움이 확장되고, 배움을 통해 자신만의 철학이 탄탄해진다. 이를 통해 자아실현에 한걸음 더 다가설 수 있고, 자신 안의 빈 공간을 가치 있게 채울 수 있다. 또한 그러한 철학은 사고의 깊이와 함께 유연하게 확장되며 우주를 향해 뻗어 나간다. 도몬 후유지는 『공부하는 힘 살아가는 힘』에서 배움의 중요성을 다음과 같이 말한다.

"인생 후반기의 평범한 나날을 의미 있고 풍성하게 보내려면 어떻게 해야 할까? 최고의 방법은 무엇보다 '배움'이다. 나이가 얼마가 되든지 지적인 호기심과 탐구심을 잃지 않고 지식과 능력과 교양과 식견, 요컨대 인간으로서 종합적 능력을 조금이라도 향상시킬 수 있는 공부를 계속해야 한다. 나이 들어서도 늘 배우려고 하는 자세가 유동적이고 불안정한 인생에 견고한 뼈대를 선사하고 그 시간을 윤택하게 만든다.

배움만큼 인생에 깊이를 더하는 것도, 사람을 성장시키고 젊음을 유지해주는 것도 없다. 배움을 잊었을 때 사람은 진정한 의미에서 늙기 시작한다. 그러므로 인생 후반기에 들어섰더라도 '늙어서 배우면 죽어서도 썩지 않음'을 기억하자. 시들지 않는 지적 욕구를 줄곧 품고 이 세상에 작별을 고할 때까지 공부하는 자세. 그런 자세가 결말 따위 없는 하찮은 인생을 희망으로 채우고 우리 내부에 풋풋한 과실을 길러낸다."

— 도몬 후유지, 「공부하는 힘 살아가는 힘」 中

내가
공부하는 이유

"공부는 우리의 지식 체계를 풍성하게 하고 생각하는 법을 길러 주며, 어떤 어려움 속에서도 방황하지 않고 인생을 스스로 헤쳐 나갈 수 있도록 도와준다. '삶의 호흡이 깊어지는 공부'를 하라. 나는 뭔가를 즐기며 배우는 것이 바로 그런 '깊은 호흡'이라고 생각한다. 몸이 신선한 산소를 받아들이며 새로운 활력을 심장에 불어넣듯이, '호흡이 깊은 공부'는 새로운 지식으로 마음의 세포를 재생시켜 지친 마음을 치유하고 더 나은 사람이 될 수 있다는 자신감을 불어넣어 준다.

공부는 자신의 내면에 나무를 한 그루 심는 것과 같다. 내면에 다양한 나무들이 건강하게 자라는 생명력 넘치는 생태계가 형성되면 어지간한 어려움에는 쉬이 꺾이지도 시들지도 않는다. 그러므로 일도 사랑도 꿈도 마음처럼 이루어지지 않아 괴롭고 힘들다면, 하루하루 더 좋은 사람으로 성장하고 싶다면, 단 한 시간이라도 진심으로 즐길 수 있는 호흡이 깊은 공부를 시작하길 바란다.

새로운 지혜를 얻었다면 기쁨을 만끽하자. 이렇게 공부가 인생의 축이 된다면 그 인생은 죽는 마지막 날까지 헛되지 않을 것이다."

- 사이토 다카시, 『내가 공부하는 이유』中에서

공부를 통해 삶의 호흡이 깊어지며, 문제해결 능력은 확장된다. 그러한 자신의 내공은 자칫 삶의 막연할 수 있는 활로를 개척해주며 그 능력은 점점 자신을 가치 있는 존재로 변화시킨다. '호흡이 깊은 공부'를 통해 우리는 우리 내면의 지식생태계를 심화시키며 우리의 의식을 유연하게 확장시킬 필요가 있다.

하지만 요즘 젊은이들은 너무 전공 스펙이나 자격증에만 치중하는 좁은 공부에만 매달리고 있다. 물론 사회적 환경도 무시하지 못하겠지만 그러한 공부법은 '호흡이 깊은 공부'라고 할 수 없을 것이다. 당장 써먹기 위한 공부보다는 책에 담긴 지혜와 지식을 내 삶에 투영할 수 있는 좀 더 '폭넓은 책 읽기', '호흡이 깊은 공부'를 실행할 것을 권한다. 강한 자신감이 내적으로 형성되며, 세상과 인간 그리고 사물을 보는 눈이 달라질 것이다.

오직
독서뿐

정민 교수는 『오직 독서뿐』에서 조선 후기의 대학자 양응수의 '독서법'을 소개하고 있다.

"꾸준히 게으르지 않게 문장 하나하나의 의미를 헤아려 보고 실생활에 적용해 보면 이랬다저랬다 하던 마음이 차분히 가라앉고, 이치가 분명하게 드러난다. 책을 읽다가 의리를 깨달으면 가슴이 활짝 열려 시원스럽고 명쾌해진다…. 단지 온 마음을 쏟아 의미를 음미해야 문득 마음이 정밀해진다. 마음이 정밀해져야 익숙해지게 된다."

독서는 무엇보다 마음을 비우고 기운을 가라앉혀 꼼꼼히 읽고 정밀하게 생각해야만 한다. 한 글자 한 구절마다 모두 뜻이 있으니 풀

이를 하나하나 관통한 뒤라야 성현께서 말씀하신 본래의 뜻을 구할 수가 있다. 이처럼 되풀이해 살피고 음미해서 그 의리가 내 안에 흠뻑 젖어들어 피부에 스미고 골수까지 무젖게 해야만 배웠다고 말할 수가 있다.

몰입
독서법

또한 정민 교수는 '몰입독서법'을 상세하게 안내하고 있다.

1) 마음을 정결하게 하라

독서에는 방법이 있다. 마음을 깨끗이 닦아낸 뒤에 보아야 한다. 만약 마음이 혼란스럽다면 잠시 내려놓고, 고요해질 때를 기다렸다가 다시 보아야 한다.

2) 반복학습을 지속하라

핵심을 파악해야 독서가 끝난다. 책이 처음부터 핵심을 드러내는 법은 없다. 부지런히 읽고 꼼꼼히 따져라. 한 번에 안 되면 두 번을 하고, 두 번으로 안 되면 열 번을 해라. 여기서 막혔다가 저기서 터지고 뚫렸다고 생각한 데서 다시 꽉 막히는 반복을 거듭하다 보면, 그 속에서 둥근 해나 밝은 달처럼 환하게 떠오르는 것이 있다. 그게 바로 핵심이다.

3) 몰입독서를 통해 정밀한 뜻을 밝히라

읽은 책이 적으면 살펴 따져서 정밀한 뜻을 얻을 길이 없다. 책이란 한때라도 내려놓으면 그만큼 덕성이 해이해진다. 책을 읽으면 경건한 마음이 간직되고, 책을 읽지 않으면 의리가 끝내 드러나지 않는다. 책은 모름지기 줄줄 외워 정밀하게 생각해야 한다.

4) 진득하게 공부하라

공부가 진력이 난다고 "꼭 이 고생 해가며 읽어야 하나?"라는 말을 입에 담아선 안 된다. 쉽게 갈 수 있는 길은 없다. 한 겹 풀고 한 켜 벗겨내면 끝에 가서 알맹이가 나온다. 알맹이가 나온대서 끝이 아니다. 껍질을 발라내면 살이 나오고, 살을 걷어야 뼈가 나온다. 그 뼛속에는 골수가 들어 있다. 골수까지 파내려면 조급함을 버려라. 금방 어찌해 보려 들면 영영 못하게 된다. 진득해야 공부다.

5) 공부가 공부를 부른다

책이 책을 부른다. 이것을 읽으니 저것이 궁금하고 저것을 알고 나니 이것이 새로 보인다. 책과 마음은 붙어 다닌다. 책을 손에서 놓으면 마음은 딴 데로 놀러 나간다. 책을 잡으면 마음도 잡힌다. 여기서 더 깊이 들어가야 의문이 풀리고 의심이 가신다. 전에는 그러려니 하던 것이 '그렇구나!'로 넘어가야 내 공부에 비로소 진전이 생긴 것이다.

이제는 누구나
책을 쓸 수 있다

더 이상 학자, 교수 혹은 유명한 사람만이 책을 쓰는 시대가 아니다. 지금은 다양성을 갖추고 있고 현실 경험에서 습득한 지식이 더욱 중요해지는 '지식 간 경계가 사라진' 시대다. 이제는 누구나 책을 쓸 수 있다. 누구나 몰입독서를 통해 소위 열공을 하고 자신을 성취하며 지식의 힘으로 훌륭한 책을 쓸 수 있다. 즉 각자가 자신의 인생에서 체득한 경험지經驗知가 한 권의 멋진 책으로 완성될 수 있는 것이다.

한기호 저자는 『마흔 이후, 인생길』에서 이제는 누구나 책을 쓸 수 있는 시대가 되었다고 말한다.

"이제 누구나 책을 쓸 수 있는 시대가 되었다. 책은 저자의 인격을 반영한다. 진정한 역량을 갖춘 사람은 자신의 책을 펴낸 사람이다. 그렇다고 책을 쓰는 능력이 딱히 대단한 것은 아니다. 독서법을 실천한다면 누구든 책을 써낼 수 있다. 다양한 책을 읽고 독서일기를 나날이 쓰는 것으로 족하다. '만 권의 책을 읽고 만 리 길을 다녀라.'라고 갈파하면서 천하를 주유하고 많은 사람을 만나 토론하고 또한 평소에 다양한 책을 읽는 습관을 갖추라고 주문했던 명말 청초의 개혁적 계몽사상가 고염무의 사상을 본받을 필요가 있다."

– 한기호, 『마흔 이후, 인생길』 中

지금은 스마트 기술의 시대이다. SNS 혹은 블로그에 소개된 몇 줄의 글이 세상을 바꾸기도 한다. 평소 자신이 정리한 생각들을 모아서 책으로 편찬해 보자. 꼭 책을 만들겠다는 결심이 아니더라도 평소 텍스트를 대하는 자세를 달리해보자. 겸손과 열정을 담아 그러한 자세를 유지한다면 자신의 글이 책이 될 날이 멀지 않을 것이다.

앞서 언급했던 임원화 간호사는 다음과 같이 말한다.

"나는 누구나 다 아는 유명인도 아니고 괄목할 만큼 대성한 인생을 살고 있는 것도 아니다. 학식이 뛰어난 사람도 아니다. 그저 남들과 다를 바 없는 대한민국의 바쁜 직장인 중 한 명이다. 그런 내가 서른이 된 어느 초여름 이렇게 책을 냈다. 책을 읽음으로써 인생이 바뀌었고 가슴 뛰는 삶을 살게 되었다."

— 임원화, 『책을 쓴 후 내 인생이 달라졌다』 中

책을 쓰고 나면 인생이 달라진다. 한 권의 책에 자신과 혼신을 기울인 나날들이 집대성되어 있다면 그 이후의 삶은 바뀌지 않을 수가 없을 것이다. 임원화 저자의 말처럼 평범한 직장인의 수동적 삶에서 자신의 삶을 주도해 나가는 자아실현형 인간이 된다. 그리고 진정한 자존감과 더불어 자신이 자신의 질을 높이는 경험을 맛보게 된다. 또한 그녀는 다음과 같이 강조한다.

"치열하게 책을 읽고 용기 있게 책을 쓰자. 책을 읽고 쓰며 꿈을 디자인하자. 당신만의 스토리로 책을 쓰는 순간, 새롭게 태어날 수 있다. 책쓰기는 세차게 내리는 소나기처럼 당신의 삶을 적실 것이며, 움츠리고 있던 당신의 꿈은 찬란한 무지개처럼 펼쳐질 것이다."

— 임원화, 『책을 쓴 후 내 인생이 달라졌다』 中

김병완 저자는 『40대, 다시 한 번 공부에 미쳐라』에서 다음과 같이 공부의 중요성을 강조한다.

"다산은 세상의 어떤 일을 하더라도, 그 근본과 토대가 되어주어야 할 것이 바로 공부라고 주장했다. 그의 말대로 인생을 살다 간 보람으로써 공부를 해야 하고 어떤 일을 하더라도 그 근본은 공부에서 시작되어야 한다. 그리고 인생의 반을 살아온 40대들은 이제 새로운 또 하나의 인생을 준비하고 꿈꾸고 날아올라야 한다."

– 김병완, 『40대, 다시 한 번 공부에 미쳐라』 中

한 시대의 지성인 다산이 그랬고 불혹에 접어든 인생의 중년층들도 보다 호흡이 깊은 공부를 통해 치열한 삶을 열어나가고 있는데, 하물며 이제 막 찬란한 인생의 바다로 진출하려는 20대들은 더 말해서 무엇하랴.

지식은
영이다

공부에 몰입하여 참다운 지식을 쌓게 되면 우리의 정신은 성장하게 된다. 지식은 단순히 축적되는 것이 아니라 지식을 통한 관념이 세계 전체를 변형하고 재창조하게 된다. 지식은 하나의 관념적 체계로서 내 삶 전체에 영향을 미치게 된다. 참다운 지식을 통해 문제해결 능력은 커지고 의식은 무한하게 확장한다.

지금까지 인류는 영성의 문제를 참선이나 기도 혹은 마음공부를 통해서 종교적 행위로만 접근하던 시대가 있었다. 하지만 현대사회에서 이것은 더 이상 설득력이 없다. 이제 지식은 특별한 사람들 혹은 특별한 영역의 소유가 아니라 모든 사람이 공유하는 공동체적 자산이다. 지식이 곧 에너지이며 참다운 지식이 쌓이면 질적인 변화가 일어나 지혜가 열린다.

책을 통해서만 지식이 쌓이는 것은 아니다. 책은 인생의 한 부분을 몰두할 만한 가치가 있는 것이지만, 책이 전부라고 말할 수 없다. 진지하게 배우려는 자세만 있다면 치열한 삶의 현장에서 혹은 사람들과의 관계 속에서 책에서 얻을 수 있는 가치의 학습은 일어나게 되어 있다. 겸손한 자세만 유지한다면 배움이 깊어지게 된다. 배움이 깊어지면 단단한 내면으로 지혜에 도달할 가능성이 생긴다. 자신의 아집을 버리고 유연한 마음을 유지하라. 열린 자세로 공부하라. 뜨거운 심장을 지녀라! 공부는 깊어지고 의식은 확장될 것이다.

나의 소명은
무엇인가?

공자는 『논어』에서 다음과 같이 말했다.

"아는 자는 좋아하는 자에게 미치지 못하고, 좋아하는 자는 즐기는 자에게 미치지 못한다知之者 不如好之者, 好之者 不如樂之者."

필자는 한때 상공부에서 공직자 생활을 한 적이 있다. 공무원이라는 직업이 무척 좋은 직업이고 보람된 일임에는 틀림없었지만, 뒤늦게 나에게 다가온 고민에 당혹스러운 적이 있었다. 그때는 이미 20대 중후반을 넘어가는 나이였는데, 그때 나는 곰곰이 생각해 보았다.

'이것이 내 필생의 직업일까?'

'나는 과연 다 살고 나서 인생을 후회 없이 마감할 수 있을까?'

'하늘이 부여한 소명과 내가 하고자 하는 일이 일치하는 걸까?'

'나는 이 직업으로 무엇을 바라고 무엇을 하기를 원하는가?'

'공무원, 이것은 내가 진정 몰입할 수 있는 직업일까?'

이렇게 스스로에게 꾸준히 질문을 던졌고, 성찰하는 과정에서 그 질문에 대한 해답은 내 가슴속에 메아리로 들려왔다. 그것은 바로 '자신의 내면에서 진정으로 갈구하는 자신만의 진실된 길'을 따라가라는 것이었다. 그것은 내게 좀 더 배움의 길을 걸어가보라는 의미로 다가왔다.

이에 나는 학문의 길을 걷기로 했고, 공부를 좀 더 깊이 있게 파보기로 결심하게 되었다. 그 결과, 지금 나는 학자로서의 길을 걷고 있다. 아직 이 결정이 옳은지 그른지는 판단하기 이르다. 그것이 정말 잘한 일인지는 좀 더 두고 볼 일이나 20대 중반에 스스로에게 던졌던 질문인 '나는 이 일을 정말 즐길 수 있을까?' 하는 고민은 옳은 방향이었고 정말로 스스로에게 한 번쯤은 물어보아야 했을 절실한 질문임을 느끼고 있다.

다음과 같이 스스로에게 질문해 보라.

'나는 무엇에 가치를 두는가?'

'내가 현재 원하는 바는 무엇인가?'

'나는 어떤 노력을 기울일 수 있고 어떤 결실을 꿈꾸는가?'

'그것은 내게 어떤 의미를 지니는가?'

'그것은 내게 어떠한 미래의 길로 들어서라고 일러주는가?'

'나는 변화를 원하는가 그렇지 않은가?'

'내가 품고 있는 꿈은 지금 어디쯤 있는가?'

내가 진정 가치를 두는 일은 어떤 것이 있는지 찾아보자. 끊임없이 스스로에게 던지는 질문을 통해 자신이 진정 원하는 바를 찾아보자. 그리고 돌이켜보자. 내가 진정 원하였던 바와 원치 않았던 것은 무엇인지. 성취한 것은 무엇이고 부족한 부분은 무엇인지를 스스로 자문해 보자. 이렇게 끊임없이 자신을 성찰하는 과정을 지나 보면 현재 서 있는 이곳과 앞으로 가야 할 방향이 조금은 윤곽이 잡히리라. 그렇게 가치를 두고 몰입할 수 있다면, 스스로에게 충만하다는 느낌을 선사한다면 그보다 더 좋은 직업은 없을 것이다.

· 하루 10분 이상 몰입독서를 실행하자. 치열하게 독서하고 지식의 충만을 마음껏 누리자. 때론 밑줄을 긋고 복습하고 싶은 내용을 간단히 메모도 해보면서 마침내 그 책을 내 것으로 만들라.

· 독서의 힘에 대해서 잊지 말자. 그 힘을 믿자. 우리의 선조들이 가졌던 믿음이었고 앞으로 살아갈 내 삶의 근간이 되어줄 믿음이다. 쉬운 일은 없다. 현재 고생스럽더라도 인내심을 갖고 공부에 몰입하며 아낌없이 자기 자신에게 지식을 투자한다면 가까운 미래에 행복의 여신이 그대를 속이지 않을 것임을 명심하라.

· 독서를 하면서 고민해보라. 내가 할 수 있는 나만의 일은 무엇인가? 나의 소명은 무엇인가? 나의 미래는 어떤 방식으로 꾸려질 것인가? 나는 인생에서 어떤 가치를 추구할 것인가? 그리고 그 가치는 내게 어떤 의미를 지니는가?

◎ **열정과 열중: Passion**

열정passion: 어떤 일에 열렬한 애정을 가지고 열
중하는 마음.
열중enthusiasm: 어떤 한 가지 일에 정신을 쏟음.

열정의 힘으로 앞으로 나아가라! 그 일관된 힘은
꿈을 실현시킬 것이다.

뜨겁게
열중
하라

"힘은 뼈와 근육에서 나오는 것이 아니라 불굴의 의지와 열정에서 나온다."

마하트마 간디Mahatma Gandhi

"미래를 생각하며 괴로워하지 말자. 날카로운 지성의 칼로 미래는
멋있게 요리될 수 있음을 믿자. 미래는 우리를 애타게 기다리고 있다."

마르쿠스 아우렐리우스Marcus Aurelius

가치＋의미
＝행복

고려대 윤성식 교수는 최근 『사막을 건너야 서른이 온다』라는 책에서 제자들이 새겨야 할 교훈을 명료하게 제시해 주었다. 이를 정리하면 행복의 공식이란 가치와 의미의 합이라 요약할 수 있다.

'나는 어떤 삶을 추구할 것인가?'
'나는 어떤 인생을 살아갈 것인가?'
'나는 인생에서 어떤 가치를 추구할 것인가?'
'그 가치는 내게 어떤 의미를 지니는가?'
'그리고 그것은 몰입할 수 있는 일일까?'

열정을 가지고
앞으로 나아가라

인생의 황금기라 불리는 20대. 에너지는 넘치고 되고 싶은 꿈도 다양하다. 하고 싶은 일들과 바라는 일들은 너무나도 많을 것이다. 아름다운 이성과 눈부신 사랑도 하고 싶고, 세계 각지의 다양한 문화를 경험하기 위해 여행도 가고 싶으며, 다양한 삶의 체험을 통해 인생의 풍부함을 만끽하고 싶을 시기이다.

하지만 이 중요한 투자의 시기에 인생의 목표를 달성하기 위한 열망이 존재하지 않는다면 헛된 시간을 낭비할 가능성이 농후하다. 자신이 하고 싶은, 그야말로 너무나도 소망하는 꿈을 이루기 위한 노력과 열정이 없다면 당연히 눈부신 미래는 오지 않을 것이다. 그렇게 바란 꿈이 단지 꿈으로 그칠 수도 있다. 기쁨은 늘 노력 뒤에 찾아온다는 것을 젊은 시기에 견지해야만 보람된 삶을 꾸릴 수 있다. 기억할 것은 현재에 충실하되 앞을 내다보는 혜안慧眼이다.

세계적 발레리나, 강수진

강수진. 한국 발레를 세계 무대로 끌어올린 선구자. 수줍음 많던 소녀에게 토슈즈는 '하늘을 나는' 요술 신발이었다.

중학교 1학년, 또래보다 늦은 나이에 발레를 시작한 소녀는 하루도 빠짐없이 토슈즈를 신고 거울 앞에 섰다. 그렇게 하루하루가 쌓여 어느새 30년, 발레리나 강수진은 발레계에서 '동양인 최초'란 타이틀을 5개나 거머쥐며 마흔이 넘은 나이에도 '강철나비'란 별명처럼 훨훨 날갯짓을 펼치고 있다.

동양인이라는 핸디캡을 딛고 전형적인 서양 예술인 발레 분야에서 최고의 프리마 발레리나로 성장한 강수진! 그가 밝힌 성공 비결은 타고난 재능도 아니었고 인내 혹은 창의력도 아니었고 어쩌면 단순하고 가장 분명한 성공의 비법인 바로 '꾸준한 노력'이었다.

그러한 그녀에게도 좌절의 시간이 없었던 것이 아니었다. 때는 1986년. 그녀는 스무 살의 나이로 세계 5대 발레단 중 하나인 독일 슈투트가르트 발레단에 최연소로 입단하였다. 하지만 최연소 입단이라는 수식어가 그 빛을 발하기도 전에 언어의 문제, 독일 특유의 음울한 날씨, 동료들보다 실력이 뒤처진다는 느낌이란 장벽에 가로막혀 아직 어리고 경험이 부족한 강수진은 슬럼프에 빠지게 되었다.

더군다나 유럽인들과 다른 외모로 인해 설상가상 군무群舞에 끼기도 힘들었다. 2년여를 그렇게 방황과 슬럼프 속에서 보내면서 며칠 만에 10kg씩이나 살이 쪄 그녀는 자살까지 고민했었다고 한다.

하지만 끈기 있는 자는 그렇게 쉽게 무너지지 않는 법이다. 그녀는 힘겨운 그 당시 발레를 하지 않으면 무엇을 할 수 있는가를 스스로에게 계속 물었다고 한다. 그녀는 자신과의 끊임없는 집요한 대화 끝에 결국 자신이 할 수 있는 일은 오로지 발레라는 답을 얻게 되었다고 한다. 자신의 내면을 성찰하는 일이 얼마나 위대한 힘을 발휘할 수 있는지 우리는 이 대목을 보면 알 수 있다.

그 후 강수진은 새로운 각오로 새로운 삶에의 리듬을 만들어내기 위해 하루 15시간 이상의 연습을 시작했는데, 그 연습은 단 하루도 거르는 날이 없었다. 그러자 그녀의 몸무게는 혹독한 훈련으로 다시 제자리를 되찾았다.

더욱 놀라운 것은 그 훈련량을 그녀가 세계 최고의 위치에 가서도 그리고 지금까지도 계속해서 유지하고 있다는 것이다. 그녀는 무서울 정도의 노력의 화신이었다. 하루 15시간, 많게는 19시간씩을 연습하고 그녀는 한 시즌에 무려 250켤레의 토슈즈를 바꿔 신을 정도로 참혹할 만큼 혹독하게 자기 자신을 단련시켰다.

그 결과, 발이 문드러지고 발톱은 수십 번씩 빠졌지만 강수진의 몸은 그 누구도 흉내 낼 수 없을 만큼 꼿꼿한 선을 세울 수 있게 되었다. 그리고 그녀는 발레 거장의 반열에 오르게 되었다. 나비처럼 가벼운 몸놀림과 강철보다 더 강해진 그녀의 발에서 뿜어져 나오는 매력, 발레를 대하는 태도 그리고 누구도 흉내 낼 수 없는 단단함. 그래서 사람들은 강수진을 '강철나비'라고 부른다.

열정의 마인드로
끝까지 경주하라

꿈을 가진 사람들이 쉽게 포기하기도 한다. 꿈 자체가 아무리 소망스럽고 고귀하다고 해도 쉽게 포기하는 경우도 많다. 살아가면서 자신이 가졌던 꿈 자체라든가 꿈꾸는 힘을 잃는 사람이 많다. 조그만 실패와 좌절만 나타나도 꿈을 계획했을 때의 열정을 잃고 꿈을 접는 것이다. 하지만 성공한 사람들은 다르다. 그들 성공한 사람들의 내공의 공통점은 무엇이 되었든 끝까지 추진한다는 점이다. 우리는 이 점을 알아야 한다. 소위 그냥 성공하는 것이 아니다.

성공한 위인들이라 하여 실패가 없을 것이라고 생각하면 오산이다. 성공한 위인들도 수많은 실패와 좌절을 겪으면서 그 자리에 이른 것이다. 어마어마한 산을 몇 차례나 넘으면서 자신을 갈고닦은 것이다. 그들이 평범한 사람들과 달랐던 점은 오직 하나, 자신이 이루고자 갈망하였던 그리고 그것에 나날이 헌신하였던 그 꿈을 포기하지 않는 열정, 그로 인해 끝까지 추진했던 끈기와 집념이 있었다는 점이다.

우리는 가끔 스스로에게 이렇게 이야기하곤 한다. '지금보다 좋은 가정환경이 있었으면 좋았을걸!', '나한테도 소위 빽이 있었으면 얼마나 좋았을까?', '내 외모는 왜 이럴까?', '내 신체가 좀 더 건강했으면….', '내 재능은 왜 이것밖에 안 되는 거지?' 그래서 이러한 외적인 조건이나 타인은 갖고 있지만 내가 갖지 못한 조건을 두고서 부정적 생각에 대한 합리화 또는 핑계를 통해 자신의 꿈을 쉽게 포기하기도 한다.

그렇다면 정말 우리의 외재적인 조건이 우리의 인생을 결정하는 것일까? 혹시 우리 스스로가 걸어놓은 의식적 함정에 빠져버린 건 아닐까? 우리는 실패가 두려워서 혹은 실패를 인정하기 싫은 자신을 위해 편하게 생각하려고만 하는 것은 아닐까?

사람들은 위인이든 평범한 사람이든 모두 각자 자기 나름대로의 외적인 결함을 지니고 있다. 결함이 없는 자는 없고 마찬가지로 위인이라 하더라도 이 명제를 벗어나진 못한다. 위대한 성취자와 평범한 사람을 구분 짓는 유일한 차이는 이렇듯 결함이 있고 없음이 아니라 자신의 결함에 구속되지 않고 스스로의 열정과 용기로 미래로 전진하는 뜨거운 힘으로 이를 극복했는가에 있다.

자신의 한계에 굴복하지 않고 불굴의 용기와 집념으로 도전하는 자만이 자신의 미래를 성취하는 사람이 될 것이다. 그런 사람만이 자신의 결점 또한 아우를 수 있는, 그리하여 뭇사람들이 우러러볼 수 있는 위대한 사람이 될 것이다.

불굴의 의지로
실천하라

닉 부이치치는 1982년 호주에서 태어났는데, 8살이라는 어린 나이에 다른 아이들과는 다른 생각을 하곤 하였다. 이제 막 놀이에 빠져 또래들과 어울리고 가끔 부모님께 말썽도 부리면서 행복을 꿈꿀 나이에, 반대로 그는 자살을 꿈꾸었다. 그는 항상 혼자였는데, 나이가 차츰차츰 들수록 희망이 아니라 절망을 먼저 배운 것이다. 그만의 이유를 알면 이 절망감을 조금은 이해할 수 있다. 그것은 안타깝게도 그가 태어날 때부터 팔과 다리가 없었기 때문이었다.

"아는 것만으로 충분하지 않다. 적용할 줄 알아야 한다."

Knowing is not enough. We must apply.

"의지만 가지고는 충분하지 않다. 행동으로 옮겨야 한다."

Willing is not enough. We must do.

그러나 깊은 절망에도 불구하고 닉 부이치치는 삶 앞에 당당히 마주하였다. 그가 다시 일어설 수 있었던 원동력은 절망 속에서 마주한 자신을 보면서 진짜 자신만의 '삶의 이유'를 찾았기 때문이었다.

이러한 배경에는 자신을 전적으로 믿고 헌신하는 부모님과 친구들이 몇 있었는데, 특히 닉의 부모는 닉이 다른 아이들과 전혀 다르지 않다고 가르쳤고, 동정하지도 않았다고 한다. 이러한 부모의 전적인 신뢰 속에서 닉은 어린 시절 좌절의 굴레에 침잠할 법도 한 고독과 슬픔을 벗어나 온전히 자신 속으로 몰입해 자신만의 절망을 극복할 수 있었다.

어느덧 청년이 된 닉은 제2의 전환점을 맞이하게 되었다. 그것은 바로 자신의 '삶의 이유'를 구체화시킨 소명을 발견한 것이다. 그는 자신과 같이 어려움에 처한 다른 사람들에게 희망을 선물하는 사람으로 살아가기로 결심하였다. 우리는 삶이라는 여행을 통해 희망보다 절망에 익숙해지는 경우가 많다. 그리고 그 절망은 때론 편안하게 느껴져 희망을 망각하게 만드는 무서운 힘이 있다.

우리는 그 힘에 자신을 맡겨버려 무너질 때가 있다. 희망을 잃어버린 상태에서 자신 앞에 놓여있는 장애물이 넘을 수 없는 벽처럼 느껴질 때, 더 나아질 것이 없다는 학습된 무기력이 엄습해 온다. 너무나도 고요한 무력감이다. 너무나도 이겨내기 어려운 삶의 시련이다. 이때 닉은 조용히 다가와 이렇게 이야기한다.

"가끔 살다 보면 여러분이 넘어졌을 때, 다시 일어날 수 있는 힘이 없다고 느껴질 때도 있어요. 여러분! 희망이 없다고 생각하나요? 왜냐하면 저는 이렇게 넘어져 있고 제게는 팔도 다리도 없거든요. 제가 다시 일어서는 것은 불가능하겠죠? 하지만 그렇지 않아요. 저는 백 번이라도 다시 일어나려고 시도할 거예요. 만약에 백 번 모두 실패하고 제가 일어나려는 것을 포기하게 된다면 저는 다시 일어서지 못할 거예요. 하지만 실패해도 다시 시도한다면 그리고 또다시 시도한다면 그것은 끝이 아니에요. 다시 일어날 수 있는 용기를 얻게 된답니다."

2006년 닉은 자신의 소명을 실천하기 위해 그동안 꿈꿔왔던 아시아와 아프리카 땅을 밟았다. 그는 강연을 하는 것은 물론 더 많은 사람들 더 많은 행복을 돕는 것에 목적이 있었다. 그리고 강연의 수익금을 캄보디아의 낙후된 지역의 교육 지원과 더불어 식수나 인프라 등 사회개발 문제 해결을 위해 사용하였다.

지금도 닉은 팔과 다리를 원한다고 기도한다고 한다. 하지만 팔과 다리가 생기지 않는다고 해서 실망하지는 않는다. 왜냐하면 자신은 아직도 기적을 믿고 있으며, 신이 자신에게 위대한 사명을 주셨다고 생각하고 있기 때문이다. 그리하여 이루어질 수 없음에도 꾸준히 기도하고 바라고 살아가고 다시 살아가는 것이다. 그러한 자신을 통해 사람들이 변화하는 모습을 보는 것이야말로 정말 아름다운 일이기에.[5]

· 정말 중요한 것은 꿈이 있고, 비전이 있고, 열정이 있는가이다. 앞으로 나아갈 수 있는 용기와 불굴의 정신이 있는가이다. 그대의 가슴을 뛰게 만드는 꿈과 열정은 있는가? 그대의 가슴을 설레게 하는 목표를 찾았는가?

· 목표는 자신의 가슴을 터지게 할 것과도 같은 열망을 줄 수 있는 매력적인 목표여야 한다. 그리고 목표는 자신의 한계를 뛰어넘어 자신을 송두리째 바꿔놓을 야망과 힘이 있어야 한다. 그런 목표를 찾아보자.

· 자신에게 한번 물어보자. 그대에게 지금 살아있는 물고기처럼, 자신의 가슴을 '팔딱팔딱' 요동치게 하는 그런 목표와 열정의 마인드는 무엇인가? 그대에게 정말 원하고 간절히 바라는 미래와 가치는 무엇이며 그 길로 나아갈 수 있는 원동력은 무엇인가?

· 가슴을 열고 모든 가능성에 귀를 기울여보라. 기회는 준비된 자에게만 온다는 사실을 명심하자. 늘 준비하고 긴장을 늦추지 말자. 의외로 엉뚱한 곳에서 답을 찾을 수도 있다. 자신의 옛 일기장, 책한 구절, 영화 한 장면, 사진이나 엽서 혹은 우연히 들은 강연이나 재미있게 본 프로그램 등에서 자신의 꿈과 열정을 발견할 수도 있다. 이렇듯 미래로 나아가기 위해선 과거를 차근차근 돌이켜 보는

성찰이 필요하다. 그러다 보면 자신의 내면에 숨겨져 있었던 재능이나 꿈이 촉발^{ignite}되어 새로운 가능성과 기회를 열어줄 수도 있지 않을까? 그것이 자신을 인도해주는 등불이 되어줄 수도 있지 않을까?

◎ 긍정과 적극: Attitude

긍정의 태도: 자신이 처한 모든 상황이나 문제에
대하여 부정적으로 생각하기보다는 적극적으로
할 수 있다는 자신감과 믿음을 가지고 능동적으
로 대처하는 자세.

나는 어떤 태도로 살 것인가?
나는 어떤 자세와 태도로 사물과 관점을 형성할
것인가?

긍정의
태도로
목표에
몰입하라

"목적과 그에 따른 계획이 없다면, 목적지 없이 항해하는 배와 같다."

피츠휴 닷슨Fitzhugh Dodson

"당신은 움츠리기보다는 활짝 피어나도록 만들어진 존재이다."

오프라 윈프리Oprah G. Winfrey

긍정적 에너지를
발산하라

"할 수 있다고 생각하기 때문에 할 수 있는 것이다."

– 베르길리우스Publius Vergilius Maro

긍정적이고 적극적인 태도로 목표에 임해야 한다. 인생의 바른 방향을 설정하고 열정적인 노력으로 임한다면 목표는 성취될 것이다. 목표는 멀리 있지 않다. 노력하고 바라보는 한 항시 자신의 눈앞에 있는 것이다.

직업적인 성공을 누린다고 해서 꼭 성공적인 삶이라고 할 수는 없다. 실제 생활에서 성공적인 삶을 사는 사람들을 자세히 살펴보면 그들은 직업 여부를 떠나 매사에 긍정적이고 적극적인 태도를 지니고 있다는 점을 발견할 수 있다. 단편적인 직업에의 성공이 아니라 그들의 전반적인 인생에서의 성공임을 보여준다.

매사에 부정적인 언어를 사용하는 사람이 있는가 하면 매사에 늘 긍정적이고 밝은 언어와 태도로 임하는 사람이 있다. 언어는 내면의 모습을 반영한다. 일상생활에서 우리가 사용하는 언어나 대화의 태도만 살펴보아도 우리는 그 사람의 대략적인 모습을 쉽게 알 수 있다.

부정성이 강한 사람은 매사를 비판적으로 보며 "아니오No.", "안 될 거야.", "문제가 많아." 등의 언어가 입에 배어 습관처럼 나오는 경우를 많이 볼 수 있다. 반면에 긍정성이 강한 사람은 부정성이 강한 사람과는 정반대로 매사를 긍정적으로 바라볼 줄 안다. 그들을 잘 살펴보면 "네Yes.", "될 거야.", "저 정도의 문제는 풀 수 있어." 등의 언어가 생활화되어 있어 그 자체의 에너지로 삶을 밝게 긍정할 수 있는 힘을 지니고 있다.

이렇듯 긍정적이고 밝은 태도를 가지는 사람에게는 티 없이 맑고 밝아 다가가고 싶은 향기가 난다.

〈부정적인 사람 vs 긍정적인 사람〉

부정적으로 생각하는 사람은 현재 상태와 상관없이 장래에 일어날 불안한 일만 찾으려 한다. 부정적인 사람의 비문에는 "나는 이런저런 것을 기대했었다."라고 쓰일 것이다. 몇 년 전 어떤 회사 건물에서 보았던 글에 이러한 부정적 생각이 잘 묘사되어 있어 소개하고자 한다.

▶ 쳐다보지 말라 – 당신이 뭔가를 보게 될지도 모른다.

▶ 경청하지 말라 – 당신이 뭔가를 듣게 될지도 모른다.

▶ 생각하지 말라 – 당신이 새로운 것을 배우게 될지도 모른다.

▶ 결정하지 말라 – 당신이 잘못 결정할 수도 있다.

▶ 걷지 말라 – 당신이 걸려 넘어질 수 있다.

▶ 뛰지 말라 – 당신이 넘어질 수 있다.

▶ 살지 말라 – 당신이 죽을지도 모른다.

나는 이 부정적인 목록에 한 가지를 추가하고 싶다.

▶ 변화하지 말라 – 당신이 성장할지도 모른다.[6]

긍정적 마음은
고주파 에너지를 발산한다

사랑, 기쁨, 존경, 황홀, 행복 등의 긍정적 에너지가 고주파 에너지라면 미움, 시기, 질투, 우울, 불행 등의 부정적 에너지는 저주파 에너지이다.

사랑, 기쁨, 존경, 황홀, 행복의 생각(미립에너지)을 자주 하면 할수록 자신의 신경세포 속에 고주파의 에너지는 증폭되며, 이러한 습관이 반복되면 어느 순간 자신의 실체적 삶도 긍정적 모습으로 바뀌게 된다. 습관은 인과성因果性, 업보성業報性, 세균성細菌性을 거쳐 세포 속 DNA 속에 깊이 각인되는 유전성遺傳性으로까지 이어지는 강력한 힘power을 가지고 있다.

긍정적 마음 vs 부정적 마음 : 고주파 에너지 vs 저주파 에너지

긍정적 마음 (고밀도 · 고진동 미립에너지)	부정적 마음 (저밀도 · 저진동 미립에너지)
사랑Love	미움Hatred
기쁨Joy	시기Jealousy
존경Respect	질투Envy
황홀Ecstasy	우울Depression
행복Happiness	불행Unhappiness
희망Hope	절망Despair
축복Bliss	저주Damn
긍정Positivity	부정Negativity
밝음Light	어둠Darkness
평화Peace	갈등Conflict
평정Tranquility	산만Distraction

　반대로 미움, 시기, 질투, 우울, 불행의 생각(미립에너지)을 자주 발산하면 할수록 자신의 신경세포 속에 저주파의 에너지는 증폭된다. 덧붙일 필요도 없이 이러한 에너지는 우리가 평생 짊어지고 가야 할 해로운 습관으로 발전할 여지가 많다. 이러한 습관이 반복되면 어느 순간 자신의 실체적 삶도 점점 더 부정적이고 옹졸한 모습으로 가득 차게 되어 정신과 몸은 물론 주변인들에게조차 악영향을 끼치게 되고, 결국 자기 스스로 불행을 자초하게 됨은 두말할 필요도 없다.

　이처럼 우리의 마음은 자신이 상상하는 대로 창조해 나가는 힘을

지니고 있어 눈앞에 벌어질 두려움을 상상하면 두려워했던 상황이 실제가 된다. 이와 반면에 눈앞에 펼쳐질 즐거운 모습을 상상하고 염원하게 되면 자신이 소원하는 모습이 실현되게 된다.

긍정적 에너지는
생명에너지를 증폭시킨다

긍정적 에너지를 발산하면 생명에너지가 증폭된다. 사랑, 기쁨, 존경 등 긍정적 에너지는 고주파 에너지이므로 우리의 에너지를 강화시키며 그 결과 생명에너지는 증폭된다. 반대로 미움, 시기, 질투 등 부정적 에너지는 저주파 에너지이므로 우리의 에너지를 약화시키며 그 결과 생명에너지는 하강한다. 이러한 원리로서 긍정·부정의 에너지가 끼치는 원리와 그 영향력은 거짓 없이 우리의 몸과 정신에 그대로 축적된다.

위대한 과학자 아인슈타인이 세운 법칙, $E=MC^2$;$M=\Lambda f$은 이를 다시 증명한다. 생명에너지는 질량과 빛의 속도의 제곱에 비례하고, 질량은 일정한 상수로 마음의 주파수(파동)를 곱한 값에 비례한다. 이와 같은 이치는 우리가 고주파 에너지들인 사랑, 기쁨, 존경, 황홀, 행복 등의 긍정적 생각(미립에너지)을 자주 하면 할수록 자신의 생명에너지는 증폭됨을 일깨워준다.

작은 일조차
긍정하라

우리는 가끔 자신이 하는 일이 하찮다고 여기고 '난 왜 이런 일을 하고 있는 것일까?', '이런 일을 해서 과연 나의 꿈을 이룰 수 있을까?', '이런 일을 한다고 해서 무엇이 달라질 수 있을까?'라는 부정적인 태도를 취하는 경우가 많다.

하지만 원대한 목표는 오랜 시간과 열정을 요구한다. 그리고 끈기와 그에 따른 밑거름을 요구한다. 만일 지금의 나의 노력이 장기적인 꿈을 이루기 위한 먼 훗날의 초석이라면 과연 그것을 쉽고 가벼운 일로 치부해 버릴 수 있을까? 그것이 정말로 하찮거나 작은 일에 불과한 것이라고 누가 단정 지을 수 있을까?

작은 일에서 긍정의 마인드로 차분히 꿈을 위해 한 발 한 발 나아가는 모습 그리고 비록 현실이 자신의 마음에 차지 않는다고 해도 그것을 밑거름 삼아 원대한 꿈을 향해 도약하는 열정. 이는 어쩌면 20대가 가져야 하는 가장 중요한 태도일 것이다.

칼리
피오리나

칼리의 인생은 꼬여 있었다. 칼리는 뚱뚱하고 한쪽 다리마저 약간 짧아서 절뚝거렸다. 더군다나 남성 중심의 직장인 HP휴렛팩커드의 유일한 여직원이어서 매일 편견과 싸워야 겨우 자기 몫을 챙길 수 있었다. 칼리의 외모나 절뚝이는 모습은 늘 놀림감이 되었는데 어떤 이는 그녀의 등 뒤에서 비웃기도 했고 심지어 어떤 이는 그녀의 얼굴을 보는 것조차 싫어했다고 한다.

하지만 그녀는 조금도 신경 쓰지 않았다. 그녀가 냉혈한이었던 것이 아니다. 그녀는 자신을 잘 알고 있었고 하는 일에도 자신이 있었기 때문이었다. 그녀는 자신을 깔아뭉개려는 사람에게 오히려 문제가 있다고 생각했고, 오히려 자신을 비웃는 사람을 불쌍하게 여겼다. 손으로 꼽을 수 없을 정도로 많은 난관에도 불구하고 칼리는 승진에 승진을 거듭하여 마침에 회사의 CEO이자 자기 분야에서 내로라하는 누구나 인정하는 전문가가 되었다. 도대체 그 비결은 무엇이었을까?

그녀는 어떤 상황에서도 일말의 긍정을 찾아내는 태도를 가졌던 것이다. 스탠퍼드라는 명문대를 졸업하고 특별히 하고 싶은 일이 없어서 들어간 로스쿨을 1년을 다니고 나서 그녀는 자퇴를 하게 되었다. 심지어 자퇴 후 생계를 위해 들어간 첫 회사는 부동산 중개회사였는데, 거기서 그녀의 역할은 비서였다. 손님을 접대하고 전화를 받고 타자를 치는 단순한 업무를 하는 동안에도 그녀는 좌절하기보다 세상을 배우는 것에 감사하는 마음으로 늘 흥미로워했다.

"하찮은 업무라는 생각을 하지 않았다. 직장이 있는 게 고마웠고 새로운 세상을 배우는 게 흥미로웠다. 중개사들이 물건을 팔면서 얼마나 흥분하는지, 사람들이 사업을 키우려고 얼마나 헌신하는지 관찰했다. 내가 어떤 태도로 전화를 받는가 하는 간단한 일이 고객들이 우리 회사를 평가하는 데 매우 중요한 잣대가 된다는 것을 배웠다."

작은 일에 일말의 긍정성을 발견해 낼 줄 아는 사람. 그 긍정의 힘을 바탕으로 자신의 미래를 설계해나가는 사람. 넘기 힘든 어려움이 닥친다 하여도 나름의 돌파구를 마련하고 자신을 믿고 한 걸음씩 걸어 나가는 사람. 그런 사람은 그 긍정성을 키워 더 큰일을 해낼 수 있는 사람이며, 실로 멋진 사람이다.[7]

긍정의 단어를
머리에 각인하라

우리는 계획한 목표가 난관에 부딪칠 때, 너무도 쉽게 "에이, 안 될 거야!", "내 주제에 뭘!", "어차피 무리한 일이었어.", "지금은 때가 아니야!" 등과 같은 부정적인 언어를 사용하면서 자기합리화를 시도하는 경우가 있다. 이렇게 되면 더 이상 예상할 것도 없이 으레 '난 안돼, 할 수 없어.'와 같은 부정적인 단어가 머릿속에 각인되어 부정적인 효과를 가져오게 되는 셈이다.

『행운을 부르는 인간형』의 저자 사토 도미오는 인체의 대뇌에는 자동목적달성장치가 있다고 말한다. 그것은 자신이 꿈꿔 왔던 대상을 끊임없이 상상하고 이를 언어로 말하는 것이 지속되면 어느 순간 거짓말처럼 꿈은 현실로 나타나게 된다는 것이다.

따라서 우리는 머릿속에 긍정의 단어를, 긍정의 마인드를 심어줄 수 있는 씨앗을 지속적으로 반복해서 각인시키고 늘 견지해야 한다. 그 단순한 긍정적 단어는, 마치 열 추적 자동첨단미사일이 기필코 목표물을 적중시키고야 말듯이 어떤 어려움 속에서도 굴하지 않고 끝내 이루어지고야 말 주문처럼 당신의 꿈을 이루는 자동목적달성장치의 견인차牽引車 역할을 하게 될 것이다.

긍정의 힘:
끌어당김의 법칙, 시크릿

론다 번Rhonda Byrne(호주의 전직 TV 프로듀서)이 위대한 성공의 비밀을 전 세계 사람들과 공유하겠다는 마음을 먹고 미국으로 건너가 뛰어난 저술가, 과학자, 철학자들과 공동으로 만든 책이 바로 『시크릿』이다.

이는 미국에서 '시크릿 신드롬'으로 이어져, 2007년 최고의 화제작으로서 출간하자마자 '아마존(미국의 유명 인터넷 서점 및 쇼핑몰)' 베스트셀러 목록에 올랐을 뿐만 아니라, 「오프라 윈프리 쇼」에 소개되기도 하는 쾌거를 누렸다. 방송 후 시청자들의 폭발적인 반응에 오프라 홈페이지마저 마비되었다고 하니 결국 이 책은 미국에서 '가장 짧은 시간에 가장 많이 팔린 책'이 되어 버렸던 것이다.

이렇듯 『시크릿』이 선풍적인 인기를 끌고 미국 사람들의 마음을 사로잡은 원동력은 무엇인가? 무엇이 이토록 사람들을 안달하게 하고 열광하게 하는가? 『시크릿』에서 말하고자 하는 것을 한마디로 요약한다면 이것이다. 바로 긍정적인 생각과 간절한 믿음이 만났을 때 강력한 힘을 발휘한다는 것. 즉 우리 내면에 숨겨진 힘(비밀)을 잘 활용하면 우리가 원하는 것들을 모두 이룰 수 있고 이 힘은 상상을 초월한다는 것이다.

여기서 내면에 숨겨진 힘 즉 '비밀'이란 끌어당김의 법칙을 말한다. 자신의 인생에 나타나는 모든 현상은 자신이 끌어당긴 것이며, 자신의 마음에 그린 그림과 생각이 동일한 주파수로 대상을 끌어당긴다는 것이다. 결국 내 마음의 생각들이 나 자신에게 일어나는 모든 일들을 끌어당기고 있는 것이다. 이 '끌어당김의 비밀'은 우리가 미처 깨닫지 못한 '비밀'을 선사하여 준다. 바로 그것은 이 책이 독자들로 하여금 멋진 일을 기대하면 앞날에 의심의 여지없이 멋진 인생이 창조될 것이라는 것이다.

마찬가지로 또한 뭔가에 대해 불평하면 끌어당김의 법칙에 따라 불평할 일이 자신에게 더 많이 나타날 수밖에 없다는 것이다. 그러므로 이 책은 자신이 원하는 긍정적인 대상에 집중하라고 말한다. 그 집중은 원하는 것들을 모두 이룰 수 있는 힘과 법칙을 아우르고 있다고 말한다.

이는 최근 마틴 셀리그만M. Seligman, 칙센트 미하이C. Mihaly 등 미국의 긍정심리학의 대가들로부터 학술적으로도 많은 검증이 이루어진 부분이다. 또한 양자역학 및 뇌과학 분야의 권위자 조 디스펜자Joe Dispenza는 이러한 부분의 긍정심리의 습관은 대뇌 신피질, 전두연합야 등 우리 뇌의 신경회로의 변화를 가지고 와서 우리의 삶을 바꾸게 된다고 역설한다. 그는 미국의 유명한 강의사이트 TEDTechnology, Entertainment, Design 강의, 유튜브 강의 등을 통해 수십만 명의 삶에 실질적 변화를 준 혁신전문가이기도 하다.

"난 항상 운이 좋아! 늘 성공하거든."
"이번에도 유쾌한 방문이 될 거야!"
"나는 늘 긍정적 에너지로 넘쳐!"
"이번에도 즐거운 마음으로 몰입할 거야!"

이렇게 긍정적으로 생각하고 기대하면서 그리고 이를 즐거운 마음으로 꾸준히 실행으로 옮긴다면, 이것이 반복이 되어 자신의 몸과 정신으로 단련된 하나의 습관이 된다면 그토록 멀리만 보였던 원대한 꿈이라도 영영 잡을 수 없을 것만 같던 목표라도 당신은 그것을 당신의 생생한 현실에서 실현시킬 수 있게 될 것이다.[8]

〈긍정적인 대인관계를 위한 9가지 성공 포인트〉

1. 비난이나 비판, 불평하지 말라.

2. 진지하고 솔직하게 칭찬과 감사를 하라.

3. 다른 사람들의 열렬한 욕구를 불러일으켜라.

4. 다른 사람들에게 순수한 관심을 기울여라.

5. 미소를 지어라.

6. 이름을 잘 기억하라. 당사자들에게는 이름이 그 어떤 것보다도 기분 좋고 중요한 말임을 명심하라.

7. 경청하라. 자신에 대해 말하도록 다른 사람들을 고무시켜라.

8. 상대방의 관심사에 대해 이야기하라.

9. 상대방으로 하여금 중요하다는 느낌이 들게 하라.[9]

〈자기평가〉

미래변화를 위한 첫걸음은 자기진단에서 시작한다. 여러분의 평소 태도를 진단해 보면 좀 더 긍정적이고 생산적으로 변화해 나갈 계획을 수립할 수 있을 것이다. 다음의 질문 내용에 대해 가능한 한 솔직하게 답해 보자.

제I단계: 점검단계

옆의 표에서 여러분의 현재 상태를 가장 가깝게 기술하고 있는 곳에 동그라미를 친다.

제II단계: 평가 및 판단

전체 점수를 더한다. 그대의 점수가 75점 이상이면 매우 긍정적인 태도와 긍정적인 자아개념을 가지고 있다고 볼 수 있으며, 주변 동료들에게도 이러한 태도를 보여주고 있다고 할 수 있다. 그러나 60점 이하이면 태도를 변화시킬 방법을 찾아야 한다. 여러분의 태도는 여러분의 미래 성공 여부를 좌우하는 중요한 요소가 될 것이다.[10]

0점	1점	2점	3점	4점
전혀 그렇지 않다	거의 그렇지 않다	약간 그렇다	가끔 그렇다	항상 그렇다

[체크사항]	전혀	거의	보통	자주	항상
1. 아침에 일어날 때 기분이 좋다	0	1	2	3	4
2. 일하러 가는 것이 즐겁다	0	1	2	3	4
3. 현재 하고 있는 일을 좋아한다	0	1	2	3	4
4. 현재 몸담은 단체에 기여하고 있다고 생각한다	0	1	2	3	4
5. 주변의 친구들이나 동료들을 좋아한다	0	1	2	3	4
6. 주위 상황이나 사람들의 밝은 면만을 본다	0	1	2	3	4
7. 전문적인 기술과 인간관계에서의 기술에 대해 만족한다	0	1	2	3	4
8. 비판을 통해 배우고 비판을 곧 잊어버린다	0	1	2	3	4
9. 자제력을 잃지 않고 감정을 표현할 수 있다	0	1	2	3	4
10. 대부분의 사람들과 잘 지내고 그들 또한 당신을 좋아한다	0	1	2	3	4
11. 감정과 마음 상태에 대한 자제력이 있다	0	1	2	3	4
12. 목표에 대하여 정열적이고 열정적이다	0	1	2	3	4
13. 목표와 인생을 어떻게 관리해야 하는지 알고 있다	0	1	2	3	4
14. 자기발전에 긍정적이고 자신의 현재 모습에 만족한다	0	1	2	3	4
15. 자신의 실수를 보고 웃을 수 있으며, 그 실수를 곧 잊어버린다	0	1	2	3	4
16. 다른 사람들이 잘되도록 도와주며 기쁘게 생각한다	0	1	2	3	4
17. 정직하고 친절하며 명료한 태도로 의사소통을 한다	0	1	2	3	4
18. 자기 자신을 존중하며 다른 사람들 또한 존중한다	0	1	2	3	4
19. 새로운 기법을 배우고 싶고 좀 더 책임 있는 일을 맡고 싶다	0	1	2	3	4
20. 자신의 처신이나 태도를 다른 사람들이 좋아한다	0	1	2	3	4
21. 능력 있고 지적이며 매력적이고 다른 사람의 관심을 끌 만하다	0	1	2	3	4
22. 가족들을 사랑한다	0	1	2	3	4
23. 창조적으로 문제를 해결하며 비판적인 사고를 잘한다	0	1	2	3	4
총합					

◎ **소통과 관계: Relationship**

소통: 상호 간의 뜻이 막히지 아니하고 잘 통하여 의사전달이 원활한 상태.

관계: 상호 간의 연결 상태가 서로 연기(緣起)의 구조로 관련되어 있는 상태.

나는 누구와 어떤 관계를 형성하며 살 것인가?
이때 필요한 커뮤니케이션 기술은 무엇인가?

제7강

소통의 기술로
바람직한
관계를
형성하라

"행복의 원칙은 '첫째, 어떤 일을 할 것. 둘째, 어떤 사람을 사랑할 것.
셋째, 어떤 일에 희망을 가질 것.'이다."

칸트Immanuel Kant

"우리는 우리가 가지고 있는 것을 좀처럼 생각하지 않고
언제나 없는 것만 생각하는 경향이 있다.
이것이야말로 이 세상에서 가장 큰 비극을 만들어내는 것이다."

쇼펜하우어Arthur Schopenhauer

멀리 가려면
함께 가라

인생의 목표를 정립하고 열정으로 노력하며 긍정적 자아상을 형성해 나감에 있어 함께 필요한 기술은 다름 아닌 소통의 기술이다. 사회는 온통 사람 간의 관계로 이루어져 있고 혼자 살 수 없는 세상이기에 타인과의 네트워크와 커뮤니케이션은 필수적인 성취의 요소이다. "멀리 가려면 함께 가라."라는 말처럼 멀리 내다보고 보다 큰 인생의 염원을 성취하기 위해서라면 자신에게 매몰되어 주위를 둘러보지 않고 자신의 길만을 가는 것이 아니라 주위의 동료들과 함께 세상살이의 길을 가야 한다.

성균관대학교 국정전문대학원에는 글로벌 석사과정 프로그램이 있다. 매년 해외에서 20명의 학생들이 대학원 석사공부를 한다. 아프리카, 라틴아메리카, 유럽, 아시아 등지에서 오는 세계의 중견 관료엘리트인 이들은 우리나라에 와서 전자정부와 정책학 그리고 거버넌스 등에 대해서 공부를 한다. 이들을 가르치다 보면 특히 아프리카에서 온 엘리트 학생들은 소통의 기술이 뛰어남을 발견하게 된다.

비록 물질적으로 우리보다 가난할지 모르지만 정신적으로 맑은 마음과 눈동자를 가진 이들은 어려서부터 민주주의 방식의 회의와 소통의 기술을 몸에 익힌 것으로 보인다. 대화에서 에티켓은 기본이고 배려하는 마음과 회의를 진행하는 방식 그리고 자신의 요점을 정확하게 표현하는 능력들을 몸에 익힌 것을 볼 수 있다. 이러한 커뮤니케이션 능력은 이들이 국제사회에서 더 큰 인물로 성장하는 데에 큰 밑거름이 되리라 생각한다.

대학에 있다 보면 매년 행정고시 2차 합격생들을 대상으로 3차 모의면접을 준비시키게 된다. 이때 몇몇 학생들은 3차 면접에서 떨어지겠다는 느낌이 오는 경우가 있다. 왠지 동료들과 잘 어울리지 않는다든지, 내성적인 태도로 너무 부끄러움을 많이 탄다든지, 소극적이고 왜소한 태도로 너무 자기방어적인 자세만 취한다든지, 집단토의에서 자기의 주장만을 고집한다든지 하는 태도 등으로 그런 예감이 형성된다.

이들의 합격 여부를 떠나 이런 태도로는 공직자가 되어도 여전히 곤란할 것이다. 소통의 미덕을 알지 못하고 어찌 나랏일을 담당할 수 있겠는가? 공부에의 노력과 그로 얻어진 지식만이 능사가 아니다. 소통과 관계의 중요성을 알 수 있게 하는 대목이다.

대화나 토론과 같은 커뮤니케이션 기술이 단시간에 습득되는 것은 아니겠지만, 이럴 때면 나는 적극적인 대화 태도와 논점을 분명하게 하는 법, 보디랭귀지Body Language나 제스처Gesture를 써서 적극적으로 토론에 접근하는 법 그리고 얼굴을 긍정적으로 미소 짓고 밝게 면접에 임하는 법 등에 대해 가르치려고 노력한다. 3차 면접도 하나의 시험이고 게임이라면 결국 조금 어색해 보이거나 소극적인 사람이 떨어지기 마련이다. 결국 게임의 승자는 자신의 부족한 점을 보완해나가는 사람이다.

진정성 어린 자세로
소통하라

우리는 주변에서 다양하고 많은 사람을 접하게 된다. 그중에는 자신과 마음이 맞는 사람도 그렇지 않은 사람들도 있다. 또 많은 사람들을 만나면서 때로는 속기도 하고 상처를 받기도 하며 이로 인해 가끔은 다른 사람을 온전히 받아들이지 못하고 불신하여 때론 의심하는 습관이 생기기도 한다. 사회학자들은 의심과 불신에 기초한 표면적인 관계 형성이 현대사회의 인간관계를 규정짓는 특징이라고 말하기까지 한다.

이런 상황 속에서 우리는 우리가 속한 사회에서 어느덧 진정성과 진심 어린 대화, 사람 간의 진실한 정을 잊어버리게 된다. 때로는 상대방을 보면서 '이 사람이 내 사람일까?' 하는 생각을 갖기도 하고,

'학교 동창들과 회사 동료들 모두 내 사람일 거야.'라고 생각하지만 다시금 '과연 내 사람이 맞을까?' 의심을 거치면서 실제 만남 속에서는 이들에게 진심을 허용하기가 쉽지 않은 게 현실이다.

하지만 이런 때일수록 우리가 잊지 말아야 하는 것이 있다. 그것은 바로 '진심 어린 소통'이야말로 자신이 미래에 발전할 수 있도록 기초가 되는 강한 휴먼 네트워크를 만들어 준다는 사실이며, 그러한 모습을 보였을 때 의심하던 타인도 자신에게 비로소 진정성 있는 모습으로서 마음을 열어주는 것임을 명심해야 할 것이다.

소중한 인맥,
내가 먼저 베풀어라

험난한 세상사에서 어렵고 힘든 상황에 마주치게 되면 우리는 주저 없이 가족, 친구 등의 인맥을 찾게 된다. 때로는 자신의 문제를 해결해주는 사람을 찾아 원천적인 문제해결을 위해 발품을 파는 경우도 있고, 설사 근본적인 해결책은 되지 않더라도 가까운 지인들과의 대화를 통해 불안감을 해소하기도 한다.

하지만 우리는 잘되고 성공하게 되면 그 과거의 어려움을 망각하고 주변의 고마움마저 잊어버리는 경우가 많다. 사회라는 공동체 안에서 자신의 노력은 어쩌면 아주 작은 부분일 수도 있다. 보다 멀리 가려는 큰 성공을 위해서는 나를 존재하게 했던 주변의 사람들을 소중히 생각해야 하는 것이다.

무엇보다 먼저 베풀고 생각하고 관심을 가질 때 자신에게는 진정한 덕행으로 쌓여 누군가의 어두운 시기에 밝은 빛으로, 그리하여 자신의 미래에 좋은 결과로 다가오게 되는 법이라는 걸 명심하자.

사소한 인맥도
소홀히 하지 마라

　김효준 사장은 BMW코리아 대표이사이다. BMW 글로벌 현지법인 최초의 현지인 대표로도 유명하다. 2000년부터 BMW코리아 사장을 맡아 당시 연간 300대 남짓이던 판매량을 2012년 3만 3천 대수준까지 늘려놓았다. 2003년부터는 BMW그룹 본사의 마케팅 담당 부사장직도 맡고 있다.

　'그의 성공 비결은 무엇일까?'
　'그만이 가졌던 비밀스런 영업의 비법은 무엇이었을까?'

　그것은 바로 사소한 인맥도 소홀히 하지 않는 그의 인맥관리와 진지한 소통을 하고자 하는 노력에 있었다. 그는 평소 시간만 나면 명

함집 혹은 별도로 정리한 인맥 리스트를 보는 시간을 가졌다고 한다. 그러다 특정인과의 인연이 떠오르면 곧바로 전화를 건다. 신년 카드에 각 개인과의 특별한 일이나 내용을 직접 적어 보내는 정성은 기본이고 명절에는 며칠 동안 밤새며 수백 장의 카드를 쓰는 일도 다반사이다.

아침이나 점심 식사는 절대로 혼자 하는 법이 없다. 식사를 할 때는 상대방이 편안해하는 다른 사람과 같이 오기를 권하기도 한다. 특별한 저녁 식사에는 가능한 한 상대의 부인도 같이 초대한다. 부인들이 가까우면 남편들도 가까워진다는 게 김효준 사장의 생각이다.

CEO로서 새로운 인맥을 형성하기 위해서 김 사장은 최고경영자 과정과 같은 경영 관련 CEO 수업도 많이 듣는다. 최신 경영 트렌드나 기업경영의 변화를 배우는 것은 물론 새로운 사람들을 만날 수 있기 때문이다. 강의 요청이 있으면 특별한 경우를 제외하고는 모두 수용하는 것도 같은 맥락에서이다. 내가 도움을 주고 베풀 수 있는 자리에서 최선을 다해야만 인맥관리에도 성공할 수 있다는 것이 김 사장의 철학이다. 그는 다음과 같이 말한다.

"상대방에게 도움이 되는 위치에 있는 게 중요해요. 따라서 인맥 관리는 자기관리가 우선되어야 합니다. 내가 잘되면 주변이 편해지고, 내가 성공하면 주변도 성공합니다."

 성공한 CEO, 김효준 사장의 인생철학을 알 수 있게 해주는 대목
이다. 철저한 자기관리를 통해 성공하고, 여기서 멈추지 않고 자신
이 먼저 베풀고 주변에 관심을 기울이는 것, 그리하여 자신의 성공
신화를 더 풍부히 써 내려가는 것, 그의 성공원칙을 보다 보면 멀리
가려는 큰 성공을 위해서 주변의 인맥과 네트워크 형성이 얼마나 중
요한지를 잘 보여주고 있다.

사람을
소중히 여기는 경영자

"세상을 바꾸는 건 사람이고 그 사람을 변화시키는 건 교육이다."

장만기 회장의 평소 지론이다. 그는 자본이나 기술이 없는 우리 나라가 살 길은 우수한 인력밖에 없다는 생각에서 인적자원 개발과 경영자 교육에 대한 관심을 갖고 1975년 인간개발연구원을 창설하였다.

장 회장은 국가경제 발전의 견인차 역할을 하는 기업 경영자로서 경영리더십 개발과 인간존중의 조직문화 조성을 위해 많은 노력을 기울였다. 우리나라 조찬세미나의 원조인 인간개발경영자연구회를 개설하여 지난 30년간 한 번도 거르지 않고 1,400회 이상 조찬 세미

나를 지속해온 국내 최고/최다의 기록으로도 유명하다.

필자 역시 장만기 회장님의 도움으로 여러 차례 인성 개발과 경영자 교육의 강연자로 나서면서 장 회장님과의 소중한 인연을 맺은 바 있다. 장만기 회장이 늘 가슴에 새기는 말은 "인간은 관계적 존재"라는 것이다. 이 말을 풀어서 전하자면, 세상과 자신의 관계 설정에 있어 인간은 바른 관계를 설정해야 한다는 것이다.

"나를 사랑하는 만큼 이웃을 사랑하란 것으로 확장시켜 나갈 수 있지요. 자신이 세상에 나온 의미와 가치를 되새기면 결코 자신의 삶을 소중히 여기지 않을 수 없답니다. 사람을 소중히 여기는 마음가짐을 가지면 절로 상대방에 대한 관심이 생기지요. 하루의 계획을 적는 플래너에 그날 만날 사람 이름을 적고, 만나고 나서는 그 사람 이름을 다시 한 번 반복하며 그들과 나눈 이야기를 재차 연상해봅니다. 그래서 내게 이름은 글자 석 자에 불과한 것이 아니라 수많은 추억과 토론을 압축한 암호이지요. 이름 석 자마다 즐거운 이야기와 열띤 토론이 서려 있는데 어떻게 그 사람의 이름을 잊을 수 있겠습니까?"

오늘날 우리나라 지성계 네트워킹의 대부가 된 것도 이 같은 인간관계이론과 사람을 소중히 여기는 그의 철학에서 기인하게 된 것이

다. 소통의 중요성, 인적 네트워크의 중요성을 다시 한 번 일깨워주는 좋은 사례라고 하겠다.[11]

마음을 기울여 경청함으로써
마음을 얻어라

경청은 남의 말을 주의를 기울여 열심히 듣는 것을 말한다. 고객의 말, 스승의 말, 친구의 말, 자녀의 말 등. 이런 경청은 단순히 '매너가 좋다'는 차원의 문제가 아니다. 경청은 그 사람의 수준을 가늠하는 본질적인 차원에 가깝다. 경청은 진정성 있는 관계를 형성하고 유지하며, 돈독하게 할 수 있는 방법인 것이다. 특히 마음을 기울여 듣는 이는 타인으로 하여금 신뢰감과 믿음을 줌으로써 상대방의 마음을 여는 기폭제起爆劑 역할을 하게 된다.

생각해보라. 누군가 자신의 이야기를 골똘히 마음을 다해서 경청할 때 당신의 마음은 어떤가? 그에게로 움직이고 있지 않은가? 세계적인 기업 IBM도 PC혁명 당시 고객의 말을 듣지 않음으로 인해 결국 '죽어가는 공룡'이라는 말을 듣게 되었지만, 죽어가는 IBM을 회생시키기 위해 등장한 CEO 루 거스너는 '경청의 리더십'을 통해 IBM을 살려냈다.

"당신은 자랑스러운 빅 블루(IBM의 애칭)를 회생시킬 방안을 알고 있습니다. 저에게 그 방안을 들려주세요."

루 거스너는 임원과 직원들에게 이렇게 물었고, 그들의 입에서 나온 방안을 그들의 권한과 책임하에 추진토록 해 IBM을 살려냈다. 사람들을 이해하고 설득하고 일을 성사시킬 수 있는 역량은 자신의 말만큼 상대방의 말도 중요하다고 생각하는 마음가짐에서 나온다. 즉 그러한 성공은 유창한 언변이 아니라 상대방 말을 존중하는 경청에 달려 있는 것이다. 그러한 자세는 긍정적인 전파력으로 모두의 마음을 얻어내는 것이다.

경청의 마인드로
글로벌 기업을 일구다

세계적인 기업, 삼성그룹의 이건희 회장은 故 이병철 회장으로부터 삼성의 경영권을 1987년 넘겨받은 후 2002년까지 14년 동안 14배로 키웠으며, 세계 속의 삼성이라는 브랜드 이미지를 강력하게 심어 놓았다. 2008년도 삼성의 총 매출 규모는 206조 원에 달했는데, 이는 싱가포르의 국가 총 생산량GNP보다도 더 많은 규모이다. 한마디로 초국가기업이라는 뜻이다. 14년이란 세월 속에 스스로를 지키지 못하고 많은 회사들이 파산이 되어 사라졌음에도 불구하고 삼성이 이렇게 성장할 수 있었던 요인은 무엇일까?

분석가들이 제시하는 요인 중 가장 눈에 띄는 대목이 '경청傾聽'이다. 경청이란 자신이 하고 싶은 말을 참고 상대방의 말을 잘 듣는다는 뜻이다. 이는 자신을 내려놓을 수 있는 마음가짐 그리고 상대방을 생각하는 배려심 등이 요구되며 인간관계에 있어 참된 인간상과 더불어 성공의 열쇠로 중요시되는 덕목이다.

하지만 이와 같은 중요성에도 불구하고 많은 사람들이 이것을 잘 실행하지 못하는 반면, 이건희 회장은 자신의 말을 아끼고, 상대방의 말을 잘 경청하는 자세로 유명하다. 이는 이건희 씨가 삼성에 입사하여 근무하는 첫날 아버지인 故 이병철 회장에게서 마음의 지표로 삼으라고 받은 '경청'이라는 휘호를 벽에 걸어놓으면서 시작된 습관, 성공의 요인이라고 한다. 이건희 씨는 아버지의 가르침인 휘호를 늘 보면서 그 교훈을 가슴에 새기면서 스스로에게 잘 듣고 있는가를 묻고, 더 잘 들으려고 노력한 결과라고 한다.[12]

이렇게 잘 듣고자 노력한 결과는 성공을 낳았다. 이건희 회장은 각 방면으로부터 다양한 정보들을 얻을 수 있었으며 이러한 정보는 곧 삼성을 글로벌 브랜드로 성장시키는 데 시대를 앞서가는, 누구도 따라올 수 없는 비전과 아주 중요한 역할을 하였다. 또한 이러한 마인드는 삼성그룹 전체에 영향을 끼쳐 사내 분위기를 긍정적으로 조성하였다.

더불어 삼성의 정보력은 국가의 정보기관보다 정확하고 막강하

다는 말이 나올 정도이며, 이러한 정보를 바탕으로 한 정보의 우위
는 정보 전쟁이라고까지 하는 현대의 기업 경쟁 속에서 삼성이 소니
SONY와 같은 여타 브랜드를 제치고 세계 초일류가 될 수 있었던 원
동력이 되었던 것이다.[13]

경청의 마인드로
활기 넘치는 브랜드

경청은 자동차 업계의 절대강자였던 GM과 도요타의 운명을 갈랐다. 세계 1위의 자동차 업체요 미국의 상징이었던 GM은 고객, 직원, 주주들의 말을 경청하지 않았던 데 반해 도요타는 정반대인 행동, 즉 경청하여 세계시장에서 성공한 기업이 되었다. 과연 그 이유는 무엇일까?

GM이 생산직원들을 졸개나 하인처럼 부릴 때 도요타는 그들로부터 더 싸고 더 품질 좋은 차를 만드는 법을 생각했다. GM보다 월급과 복리후생은 잘되어 있지 못하지만 도요타에는 GM을 뛰어넘을 수 있는 방책으로 자신의 의사를 자율적으로 전달할 수 있는 조직 분위기가 형성되어 있었던 것이다.

그렇다면 도요타의 일선직원들이 과연 '입을 연' 이유는 무엇일까? 그것은 바로 도요타의 경영진들이 현장으로 내려가 그들의 말을 고개를 숙이고 경청했기 때문이다. 이러한 자세로 사람을 대하는데 어찌 사람의 마음이 열리지 않겠는가?

도요타는 자연스럽게 기발한 아이디어가 조직 내에 흘렀으며, 이것이 조직 의사결정과 조직 변화에 긍정적으로 기여하여 성공가도를 거침없이 달리게 만든 것이다. 이에 반해 GM의 경영자들은 막대한 복리후생비를 지급하였지만 그들의 의견을 묵살했던 것이다.

경청, 인간적인 조직 분위기의 형성 그리고 이를 통한 자발적인 의사소통과 변혁적 리더십의 문화는 도요타를 지속적인 성장을 거두게 만들고, 반대의 경로를 취한 GM은 몰락하는 결과를 초래하게 하였다.[14]

전문 커뮤니케이션 기술로
약점에 도전하라

그러고 보면 필자도 예외는 아니었다. 지금이야 항상 강의시간에 학생들과 소통하고 한국정책학회장이 되어 선후배, 동료 교수님, 관료 등 학문적 네트워크 안에서 끊임없이 소통하고 있지만, 나도 젊은 시절에는 소극적이고 내성적인 성격을 극복하고자 무던히도 애썼던 시절이 있었다. 그때 당시를 회상하며 잠깐 내 이야기를 해보고자 한다.

1982년 고시를 합격하고 나니 날아갈 듯한 기분이었다. 아무것도 하지 않고 가만히 있어도 시간의 흐름이 부드럽게 느껴지고 미풍의 감미로움을 온 세포로 느끼면서 모든 사물의 인식마저 맑아지는 듯하였다. 그런데 이런 내게 단 한 가지 걱정이 있었으니, 바로 몇 개월 후 들어가게 될 연수원에서의 생활이었다.

평소 내성적이었던 나는 연수원이라는 단체생활에서 원우들과의 관계 형성 및 분임토의 등을 잘할 수 있을까 걱정이 앞섰다. 그래서 이러한 내성적인 성격을 다소나마 고쳐보고 동료 원우들과의 적극적인 관계 형성을 하겠다는 결심하에 전문적인 커뮤니케이션 화술을 익히기로 마음먹었다. 또한 그동안 다소 약했던 체력을 단련하기로 마음먹었다.

운동을 열심히 하면서 전문 스피치 학원에 등록하여 화술, 커뮤니케이션, 웅변 등의 기술들을 익히기 시작했다. 사실 그때만 해도 이러한 학원의 시설이나 노하우들이 많이 낙후되어 있었으나 성격을 좀 더 적극적이고 긍정적인 마인드로 바꾸는 데 그런 것이 문제되지는 않았다.

의식적으로 많은 대중들 앞에 나서 보기도 하고, 이른 새벽 산에 올라가 복식호흡과 목청을 틔우며 로마시대의 영웅 '시저Caesar와 브루트스Brutus'가 다투는 장면을 웅변적으로 연습해보기도 하였다. 모든 일은 노력하는 만큼 바뀔 수 있다는 평소 신념대로 온 힘을 쏟았다. 이렇게 얻은 기초 커뮤니케이션 기술을 바탕으로 연수원 생활에서 나는 매우 적극적으로 바뀔 수 있었다. 물론 가장 중요한 것은 의사소통 '기술'보다는 의사소통의 저변에 깔린 '진정성'이었다.

단순한 테크닉보다는 진정성 어린 진실한 자세로 대화와 협업에 임하는 것이 더욱 중요하다. 진지함 속에서 참다운 관계를 형성하며, 노력과 봉사의 정신으로 단체생활에 임하는 것이 더욱 중요하다. 하지만 다소 내성적인 성격이라면 전문 커뮤니케이션 기술이나 화법에 관해 익혀두는 것도 집단생활에서는 매우 유익하고 도움을 받을 때가 많을 것이다.

이처럼 연수원 생활 중 분임토의나 전체발표, 단체연극과 취미생활, 극기체험과 체력단련 등의 활동에서도 나는 적극적으로 역할을 자임했으며, 때로는 분임장이나 발표 리더의 역할도 맡는 등 매사 긍정적인 태도로 임하였다. 연수원 동료들과도 함께 도우며 봉사하며 희생하는 자세를 견지하되, 서로 친밀감을 유지하여 교우 관계를 형성하는 일에도 매우 진지하게 접근하였다.

아마도 이러한 나의 적극적인 태도와 성실한 노력이 반영된 결과 1년간 이루어졌던 합숙과 연수원 생활은 매우 성공적이었지 않았나 생각되며, 그 결과 나는 행정고시연수 수석졸업이라는 '뜻밖의 결과'까지도 얻을 수 있었다.

〈바람직한 대인관계를 위한 12가지 성공 포인트〉

1. 부드럽고 따뜻한 분위기를 유지하라.

2. 모든 사람에게 열린 마음으로 대할 수 있는 융통성을 발휘하라.

3. 상대방의 이야기에 귀 기울이고, 그의 관심사를 파악하라.

4. 상대방을 대할 때 예의와 공손을 다하라.

5. 진솔하고 진실한 모습을 통해 신뢰를 쌓아라.

6. 신용과 호의를 얻되, 절대로 적을 만들지 마라.

7. 상대방의 입장을 생각하는 습관을 기르라.

8. 마음에서 우러나오는 칭찬과 격려를 아끼지 마라.

9. 유머감각을 길러서, 위기와 갈등을 완화시켜라.

10. 자신이 대접받고 싶은 만큼 먼저 상대방을 대접하라.

11. 살아가는 데 가장 소중한 일은 '사람을 사랑하는 일'이라는 것을
    기억하라.

12. 상대를 진정으로 축복하는 마음가짐을 유지하라.[15]

◎ **창의와 도전: Challenge**

창의: 새로우면서도 유용한 것을 생각하거나 만
드는 것.
도전: 위험을 무릅쓰고 높은 목표에 도전하는 것.

나는 어떠한 정신으로 목표에 임할 것인가?
과감한 도전이 필요할 때는 언제인가?

창의의
정신으로
과감하게
도전하라

"어떤 희망이든 자신이 품고 있는 희망을 믿고 인내하는 것이 바로 인간의 용기이다. 그러나 겁쟁이는 금세 절망에 빠져 쉽게 좌절해버린다."

에우리피데스Euripides

"인간은 재주가 없어서라기보다는 목적이 없어서 실패한다."

윌리엄 빌리 선데이William Billy Sunday

창조적
자아상을 세워라

인생의 목표를 정립하고 열정으로 노력하며 긍정적 자아상을 형성해 나감에 있어 필요한 정신은 창의적 도전의식이다. 청년에게 있어서 도전은 더욱 큰 특권이라 할 수 있다. 이처럼 과감한 도전에서 창의성과 자신감이 형성된다. 자신감 결여는 늘 성공의 적이다.

그렇기에 우리는 자신감을 가지고 돌파해보겠다는 의지로 충만하게끔 자신을 다스려야 한다. 도전해서 실패해 보기도 하고 실패에서 학습이 이루어지면서 자신감이 형성된다. 창의성은 그냥 생기는 것이 아니라 다양한 도전과 노력 그리고 실패에 따른 깨달음과 더욱 단단해진 내면 속에서 형성되는 것이다.

대학 시절에는 학업뿐만이 아니라 많은 경험을 쌓는 것이 좋다. 기회가 닿는다면 배낭여행도 가고 해외로 나가 많은 사람도 만나보고 견문을 넓히며 도전해 보는 것이 좋다. 책으로 배우는 지식보다 실제의 체험과 견문 속에서 살아있는 지식을 익히는 것, 그것은 어느 누구도 가르쳐줄 수 없는 자신만의 학습이며 이것이 대학 시절에 필요하다. 글로벌 시대를 살아가고 있는 젊은이들은 자신만이 아닌 타인에게서, 국내만이 아닌 해외로 시야를 넓혀 글로벌 마인드와 의식을 키우는 것이 무엇보다도 중요한 것이다.

우리의 문화도 글로벌 마인드에 기초한 콘텐츠가 필요하며, 시장 개척에도 글로벌 경험에 기초한 네트워크가 필요하다. 신뢰와 네트워크를 사회과학에서는 사회적 자본social capital 및 거버넌스governance라고 하면서 물리적 자본보다 더 중요하게 여기고 있다.

이 시점에서 소개하고 싶은 사례가 하나 있다. 전남 장성군청은 장성아카데미를 운영하며 군 공무원이나 군민들의 의식을 변화시킨 전국적인 성공사례로 유명하다. 장성아카데미를 최초로 시도한 군수는 이를 시작한 동기를 다음과 같이 말한다.

"내가 처음으로 장성에 내려와 지역에 봉사해야겠다는 마음을 먹었으나 군민들의 의식은 크게 변화하지 않는 거예요. 가만 생각하다

가 교육을 통한 의식 개혁을 결심하고 매주 금요일 오후에는 유명인
사 특강을 지속적으로 실시한 겁니다. 그런데 교육을 해도 일반교
육이나 전문교육만으로는 사람들이 금방 변하지 않습니다. 그래서
히말라야 에베레스트 정상이나 K-2를 정복한 허영호나 엄홍길 대
장 같은 전설적인 분을 섭외하여 〈나는 왜 도전하는가!〉, 〈도전과 창
의〉, 〈도전과 나의 꿈〉과 같은 직설적이고 과감한 주제를 도입하였
더니 강의를 듣는 청중들의 주의력이 눈에 띄게 달라졌답니다."

이는 도전과 창의, 과감한 도전과 꿈 그리고 희망이라는 주제가
얼마나 사람들에게 호소력이 있는가, 과감한 도전을 일반 사람들도
알게 모르게 자신도 얼마나 내면에서는 희구하고 있는가를 직접
적으로 보여주는 사례라 하겠다. 또한 이러한 테마만큼 사람들이 열
광하는 주제의식도 없으며 이는 즉 사람 본성이 가고자 하는 열망에
의 다름 아닌 사례라 하겠다.

즐겨라 그리고
작은 것에도 감사하라

우리는 꿈을 이루기 위해서 겪는 과정을 때로는 고통이라고 생각한다. 자신의 꿈에 가닿기 위한 한 시점, 한 부분임에도 불구하고 단지 버거운 고통으로 치부해버리는 것이다. 때로는 자기가 해야만 하는 임무에 대해서 혹은 자신이 맡은 과제에 대해서 단순히 해치워야만 하는 '힘든 일'이라고 치부해 버리는 경우도 많다.

하지만 미래의 자아상은 지금 이 시간에도 지속적으로 진행되고 있다. 순간순간을 고통으로만 바라보며 그 시간을 얻는 바 없이 흘려보내버릴 것인가 아니면 지금 이 순간을 너무나도 행복한 나만의 시간으로 생각하며 즐기고 자신의 목표에 가닿기 위한 노력의 갈피인 이 시기에서 나름의 배움을 얻을 것인가는 오로지 자신의 마음가짐에 달려 있는 것이다.

　주변의 작고, 큰 모든 부분에서 재미를 느끼고 자신이 잘할 수 있는 것을 찾아 그것에서 만족을 느끼고 즐길 줄 아는 자세는 자신의 삶을 풍요롭게 만들어준다. 작은 일상에서 행복과 감동을 느낌으로써 우리는 작은 것에서 감사할 줄 알게 되는 것이며, 이러한 자세는 창의력과 유연성은 물론 일의 효율성과 하고자 하는 일을 바라보는 데 있어 깊은 혜안을 길러준다.

　지나가는 작은 순간마저도 놓치지 않고 느낄 수 있게 된다면 그대는 어느 순간 놀라운 아름다움, 경이, 기발함, 재치가 넘치게 될 것이며 함께하기에 아주 유쾌한 사람, 늘 함께하고 싶은 사람, 매력이 넘치는 사람, 작은 것에서도 큰 것을 볼 줄 아는 사람, 창조적인 사람으로 기억될 것이다.

투지와 도전을 통해
자신을 연마하라

　꿈과 목표를 이루는 과정 속에서 결국 가장 넘기 힘든 장애물은 다른 그 무엇보다도 나 자신일 것이다. 그리하여 사람은 어쩌면 가장 편한 방법으로 높은 벽 앞에 마주하였을 때는 불가능이란 암시를 자신에게 부여하며 자기 자신에게 온갖 방어적 핑계를 다 동원하여 자기합리화로 안주하려 한다.

　"이 일은 나뿐만 아니라 모든 이가 할 수 없는 것이야.", "남들도 못 하는 걸 내가 무슨 수로 할 수 있겠어?", "시작부터가 말도 안 되는 무모한 도전이야!"와 같은 방어적 합리화 기제들이 자신을 나약한 의지박약아로 만들어간다. 이런 생각이 우리를 갉아먹을수록 우리는 늘 긴장해야 한다. 그것은 바로 우리가 롤모델로 생각하는 그들을 다시금 바라보아야 하는 것이다.

우리는 성공한 많은 사람들을 다양한 매체를 통해 접할 수 있고 그들에게 한 가지 공통점을 발견할 수 있다. 그것은 바로 의지박약아가 되기 쉬운 실패자의 마음가짐과는 달리, 자신의 실수에 대해서는 냉혹하게 직시하되 이를 긍정적인 마인드로 극복한다는 점이다.

"대인춘풍, 지기추상對人春風, 知己秋霜"

(다른 사람을 대할 때에는 봄바람처럼 부드럽게 친절하고, 자신을 대할 때는 가을서리처럼 엄격하라!)

그렇게 스포츠 스타, 연예인, 정치인, 학자, 사업가 등 성공한 사람들은 모두 외유내강外柔內剛의 자세를 견지하고 있다. 우리가 어려운 상황 속에서도 자신을 이길 수 있는 투지와 도전정신을 통해 자신의 내면을 강하게 연마한다면 그리고 때론 혹독하게 자신에게 엄격해질 수 있는 시선을 갖춘다면 어느덧 우리는 타인에게는 유연하고 자신에게는 강인한 자세를 견지할 수 있게 될 것이다.

실패를 두려워하지 않는 도전,
그것이 창조의 밑거름이다

인생이라는 항해의 과정에서 한 번의 실패도 모르는 순탄한 성공은 오히려 위험할 수도 있다. 그리고 그러한 성공이 있다면 그것은 본받을 만한 성공이 아닐 것이다. 모름지기 성공이란 험한 땅을 다져 그 위에 일군 나만의 열매가 아니던가.

그러한 과정이 없는 단순한 성공의 위험성은 실패와 패배의 과정에서 더 큰 것을 배울 수 없었기에 위태로운 성공이라 할 수 있다. 실패에서 좌절하지 않고 실패의 교훈에서 학습해 나가는 과정이 인격의 성장과정이라 할 것이다. 또한 그것이 진정한 성공이라 할 수 있다.

우리는 누구나 실패를 경험한다. 실패라는 뼈아픈 체험이 다가왔을 때, 어떤 이는 쉽게 좌절하고 새로운 도전의 의지를 포기하기도 한다. 어쩌면 그 영향으로 삶이 견디기 버거울 만큼 흔들리기도 한다. 이처럼 새로운 도전의 의지가, 삶에의 의지가 꺾이는 순간 그에게는 좌절과 절망밖에 존재하지 않는다.

하지만 포기하지 않고 새로운 도전에 다가가는 순간 비로소 희망과 비전을 꿈꿀 수 있다. 실패로 인한 실패가 아닌 실패로 인한 성공을 거머쥘 수 있다. 또한 새로운 미래를 향해 도전하는 그 순간, 거짓말처럼 혜안慧眼이 비치는 경험을 할 수도 있다. 이러한 경험이 실패가 주는 쓴맛 뒤의 가르침이 아닐까. 무엇인가 될 것 같고 무엇인가 할 수 있을 것 같고 과거와는 뭔가가 다른 그 어떤 실마리, 그것이 새로운 창조의 시작일 것이다.

창조적 도전에
좌절이란 없다

애플의 창업자, 스티브 잡스는 창조경영으로 경영에 일대 변혁을 일으킨 혁명가이다. 세계 최초의 PC '애플', 최초의 3D-디지털 애니메이션 '토이스토리', MP3 플레이어 'iPod', 온라인 음악서비스 'iTunes' 등 그가 창안한 제품과 서비스는 세상을 온통 뒤흔들었다. 그는 단순히 제품을 파는 사업가가 아니라 세계인의 생활방식과 문화양식을 바꾼 디지털 혁명가인 것이다.

하지만 그의 인생은 순탄치만은 않았다. 1955년 2월, 샌프란시스코에서 태어나자마자 부모에게 버려져 입양되었고, 대학 생활도 그리 낭만적이지 않았다. 친구 방 마루에서 자고, 빈 코카콜라 병을 팔며 생계를 이었고 결국 학비가 없어 3학년에 중퇴하게 된다.

그 후 일거리를 찾던 중 애터리라는 회사의 비디오 게임 프로그래머가 되는데, 이때 '홈브루 컴퓨터 클럽'이라는 아마추어 컴퓨터 모임에 참가한다. 한 회원이 최신형 앨테어 개인용 컴퓨터를 가지고 왔는데, 그는 이를 보는 순간 새로운 미래를 보게 되고 사업을 구상하게 된다. 하지만 혼자서는 기술적 능력이 부족하다고 판단한 그는 홈브루 컴퓨터 클럽의 회원인 스티브 위즈니악과 함께 창업하게 된다.

스티브 잡스는 부모님의 창고에서 '애플'을 시작했다. 방 하나를 가득 채울 정도로 크던 컴퓨터 일색이던 당시, 1977년 최초의 개인용 컴퓨터 '애플Ⅱ'를 출시했고, 이것은 개인용 컴퓨터 시장에서 급성장되었고, 1980년 애플은 10억 달러의 매출을 올렸으며, 15%의 시장 점유율을 차지하게 된다.

하지만 그에게는 또 한 차례 시련이 닥친다. 회사 운영이 어려워지자 운영진은 1985년에 그를 쫓아낸 것이다. 그러나 잡스는 이에 좌절하지 않고 자신의 개성을 살린 넥스트를 설립하고 '픽사'를 인수한다. 픽사가 만든 세계 최초의 3D애니메이션 '토이스토리'가 큰 성공을 거두고 '벅스라이프', '토이스토리 Ⅱ', '인크레더블' 등은 그에게 엄청난 수익과 성공한 영화제작자라는 타이틀을 하나 더 붙여주게 되었다.

그 후, 그는 1997년 파산의 위기에 직면한 애플의 임시 CEO로 복귀했고 세상을 뒤흔든 신제품 하나를 다시 발표하게 된다. 반투명半透明하고 미려美麗한 디자인의 iMAC이 그것이다. iMAC은 애플을 세계의 기술적인 선도자로 다시 복귀시켰으며, 이후 잡스가 개발한 iPod, iTunes, iPod Mini, iPod Nano 등은 애플을 세계시장의 독보적인 위치로 굳히게 만들어 주었다.

실패를 두려워하지 않는 도전, 지칠 줄 모르는 창의 정신과 불굴의 의지 그리고 자신의 목표를 향하여 끊임없이 전진하는 돌파력은 바로 스티브 잡스와 같은 사람을 일컫는 말이 아닐까 생각해 본다.[16]

바람의 딸,
한비야

정해진 삶에 순응하기보다는 가슴 뛰는 삶을 찾아간 사람, 대한민국 대표 오지 여행가이자 베스트셀러 작가, 대학생들이 가장 존경하는 인물, 그녀가 바로 한비야이다.

그녀는 35세에 국제홍보회사에서 승진이 보장되었던 안정된 삶을 버리고 어릴 적 꿈인 7년간의 세계 오지 여행을 떠났다. 그녀는 7년간 70여 개국을 돌며 비행기를 이용한 안락한 여행이나 단순한 풍물 탐방이 아닌 육로를 이용하고 오지의 문화를 직접 체험하는 방식을 선택하였다.

오지를 여행하면서 체험한 경험들을 글로 엮었고 그녀의 책들은 베스트셀러가 되었다. 그녀는 여행 중 재해와 전쟁을 통한 피해상을 접하고 이러한 지역에서의 구호활동이 자신의 소명이라는 것을 깨닫고 9년간 월드비전의 긴급구호팀장으로 활동하였다.

이러한 노력으로 그녀는 2004년 한국 YMCA 선정 젊은 지도자상과 2005년 환경재단이 선정한 세상을 밝게 만든 100인으로 선정되었다. 그러나 그녀는 거기에 머물지 않았다. 그녀는 이에 머무르지 않고 국제구호에 관한 이론을 공부하기 위해 9년간의 경력을 뒤로 한 채 미국 보스턴에 있는 국제관계 명문인 터프츠Tufts대학에서 국제지원에 관한 석사과정을 밟고 있다.

성공이 보장된 삶이나 정형화된 인생이 아닌 유연하고 창조적인 사고로 가슴 뛰는 꿈을 찾아 실천한 한비야. 편안하고 보장된 삶의 방식을 그녀 또한 모르지 않았을 것이다. 하지만 자신의 가슴에 솔직하게 반응하고 타인들의 부정적인 시선에 아랑곳하지 않으며 자신의 삶을 진정으로 누리는 방법을 알고 있었던 그녀야말로 오늘날 젊은이들에게 과감한 도전과 창의의 정신을 가르쳐 주고 있는 게 아닌가 생각한다.

〈창의력을 키우는 법〉

창의력, 창조력, 상상력, 영감, 통찰력 등은 모두 유사한 어의를 지니고 있다. 우리의 삶에서 상상력이 없다면 우리의 일상은 매우 단조로울 뿐만 아니라 발전이 없게 된다. 오늘날과 같이 지식정보화사회에서 특히 필요로 하는 재능은 감성, 영감, 통찰력에 바탕을 둔 창의력 혹은 창조력이다.

무엇을 많이 알고 있느냐보다는 일하는 방법과 자신 나름의 시각에서 독창적인 문제해결 능력을 필요로 한다. 과거에는 기억력이나 지식이 많은 사람을 천재라고 했지만, 요즈음은 통찰력이나 창조력이 뛰어난 사람을 천재라고 한다. 창조력이 있는 사람은 영감이나 상상력이 뛰어날 뿐 아니라 사물이나 문제를 보는 시각이 다른 사람이다.

그렇다면 이러한 창의력은 어떻게 향상시킬 수 있는 것일까?

(1) 균형과 조화를 이루는 삶

창의력과 창조력은 균형과 조화를 이루는 삶에서 비롯된다. 그리고 이 조화로운 삶은 몰두와 노력으로 이룰 수 있는 것이기에 창의력과 창조력은 내면의 고요와 평안으로부터 생성된다. 따라서 고요함 속에서 창조력이 길러지려면 자신의 삶은 가급적 단순화되어야 하며, 이는 우선순위의 명확화를 통해 상시적으로 재조정되어야 한다.

일상의 번다함 속에서 핑계나 위안거리 합리화에 발목을 잡혀 우선순위를 놓치면서 늘 바쁘다는 핑계로 일관하는 사람들이 있는가 하면, 자신이 우선적으로 처리할 대상을 찾아 몰입하면서 자신이 하고자 하는 바의 뚜렷한 직시, 엄청난 창조력을 발휘하는 사람들이 있다. 따라서 우리는 내면의 창조력을 기르기 위해서라도 일상의 욕망을 제대로 통제하면서 늘 내면의 고요와 힘을 길러 나가야 한다. 자신의 마음의 주인이 되어야 한다. 즉 일의 중독이나 극단적 선택, 될 대로 되라는 식의 자포자기의 마음, 욕망에 대한 집착 등은 피하면서 자신의 삶 속에서 균형과 조화를 이루는 삶을 만들어 창의력으로 일군 지혜로 나가야 한다.

(2) 삶을 전체적으로 통찰하라

균형과 조화를 이루는 삶은 자신의 삶 전체에 대한 통찰로부터 나온다. 이는 즉 자신의 내면을 단련하고 자신을 긴 시간 동안 꾸준히 바라본 사람의 능력이라 할 수 있다. 사람은 누구나 단점과 한계를 갖기 마련이므로 자신의 삶에서 늘 반성과 성찰을 통해 자신에 대한 통제력을 길러야 한다.

또한 자신의 삶 전체에 대한 통찰을 통해 자신이 가장 잘할 수 있는 일이 무엇인지를 찾아 자신이 처한 어려움이나 고통에 정신을 뺏기기보다 자신의 삶의 우선순위를 명확하게 해야 한다. 성공한 사람들을 잘 살펴보면 자신의 단점보다는 강점, 한계보다는 기회에 집중하고 있다는 걸 알 수 있다. 그곳으로 나아가기 위해 자신의 삶과 생활을 분석하고 목표의식으로 나아갈 수 있는 힘을 길러왔음을 알 수 있다.

(3) 총체적인 감각을 길러라

균형과 조화를 이루는 삶은 삶에 대한 통제력, 우선순위의 재조정, 옳고 그름을 따질 수 있는 명확한 시선 그리고 총체적 감각을 필요로 한다. 부분적인 것이 아니라 전체적인 것을, 단기적인 것이 아니라 장기적인 것을, 국소적인 것이 아니라 종합적인 것을 바라볼 수 있어야 한다. 인생에 대한 넓은 안목을 기르며 거칠 것 없는 자신감을 바탕으로 한 도전을 통해 창의력을 키워야 한다.
또한 광범위한 지식과 경험을 통해 근시안적이고 상투화되고 고루한 틀에서 벗어나 보다 장기적인 안목으로 자신의 인생 전체를 성찰하는 힘을 길러야 한다. 그러한 감각으로 생활을 영위할 수 있어야 한다.

(4) 창의력 향상을 위해서 노력하라

창의력 향상을 위해 해야 할 구체적인 포인트는 다음과 같다.

⊙ 고정관념을 없애고 마음을 비운다. 마음을 청소하지 않고는 사물을 새롭게 바라볼 수 없다.
⊙ 영감이나 아이디어가 떠오를 때마다 곧 종이에 적는 습관을 기른다. 그렇게 하지 않으면 귀한 영감이나 반짝이는 아이디어가 사라

지고 만다.

⊙ 끊임없이 새로운 것을 배운다. 독서 및 예술 분야의 정보를 풍부히 하여 영감이나 힌트를 많이 얻도록 한다. 또한 전공이 다르고 취미가 다른 사람과도 즐겁게 사귀어 그들의 세계를 경험하는 것도 유익하다. 만남의 폭을 넓게 하고 대화를 즐겨라.

⊙ 다방면의 지식을 쌓고 여행이나 견학을 통해 다양한 경험을 한다. 새로운 문화와 문물을 접하며 될 수 있는 한 다양한 경험을 하라.

(5) 창의력 향상을 위해서 최소한 8가지 태도는 멀리하라

로저 오훼(Roger v. Oech)는 『머리 부분을 한 방 때려보기(A Whack on the Side of the Head)』라는 책에서 "머리를 닫아두는 정신적 자물쇠를 조금씩 깨부순다면, 점점 창의력이 나타나게 될 것이다."라고 말한다. 또한 그는 창의력을 키우기 위해서는 우리가 맹목적으로 옳다고 생각하는 다음과 같은 8가지 태도에 대해 거부하고, '어디 한번 해보자!'라는 자세로 살아야 한다고 말한다.

⊙ 정답을 찾아라. 우리는 날 때부터 답은 하나뿐이라고 배우지만 사실은 그렇지 않다. 또 다른 선택을 찾아보라.

⊙ 규칙을 따라라. 규칙을 무시할수록 새로운 아이디어가 나올 가능성은 커진다.

⊙ 논리적이 되라. 어려운 논리 대신 문제를 설명하고 해결하는 방안을 찾아보라.

- 현실적이 되라. 이렇게 질문해 보자. '만약 그렇지 않으면 어떻게 될까?'
- 실수하지 말라. IBM의 창시자는 이렇게 말했다. "성공하려면 그 두 배로 실패해야 한다."
- 웃기지 말라. 유머와 놀이는 창의력에 영감을 더해 준다.
- 내 분야가 아니야. 신선한 아이디어는 보통 전문 분야 바깥에서 얻어진다.
- 난 창의적이지 않아. 자신이 창의적이라고 생각하는 사람들이 자신이 창의적이지 못하다고 생각하는 사람들보다 더 창의적이다.

성공한 사람들은 창의적이다. 남이 보지 못하는 것을 그들은 각고의 노력 끝에 보고야 만다는 것이다. 이들은 삶의 우선순위의 명확화를 통해 자신의 에너지와 역량을 한곳에 집중시킬 수 있다. 그리하여 남들과 같은 에너지로써 엄청난 성공을 이룩할 수 있는 힘을 지닌 것이다.

또한 광범위한 지식과 도전을 통해 늘 창의성을 향상시키는 습관을 실행하면서 도전에는 게을리하지 않고 실패에는 두려워하지 않으며 미래를 주도해 나가고 있다. 21세기는 독창성 있는 사람의 몫이다.[17]

〈미켈란젤로가 준 교훈〉

창의력에 관해 강연을 들으러 간 적이 있었다. 거기서 강사는 독창성과 끈기는 함께 가며, 이 둘은 위대한 성취를 이루는 중요한 요소라고 말했다. 그 강사가 물었다. "미켈란젤로가 시스티나 성당(Capella Sistina)의 천정에 그림을 그려달라고 부탁을 받았을 때, 만약 '나는 천정화(天井畵)는 하지 않습니다.' 하면서 돌아서 버렸다면 어떻게 되었을까요?"

천정에 그림을 그린다는 건 틀림없이 미켈란젤로에게 창의력의 도전이었으리라. 미켈란젤로가 긍정적이고 끈질기며 결코 포기를 모르는 사람이었기 때문에, 시스티나 성당의 그림은 완성되었다. 힘겹게 등을 대고 누워서 그 걸작들을 다 그려내야만 했던 것이다.

문제란 언제나 느닷없이 불거지게 마련이다. 그러니까 미리 준비를 해야 한다. 긍정적이고 창조적인 성격은 지치거나 부정적으로 변하지 않으면서 그런 문제를 뚫고 일을 완수할 있게 만드는 것이다. 문제점을 예측하고 대비함으로써 우리는 시간과 자원을 절약할 수 있고, 어깨를 축 늘어지게 만들 불의의 사건도 예방할 수 있는 것이다.[18]

* 도널드 J. 트럼프, 『CEO 트럼프 성공을 품다』에서 인용

◎ **감성과 영성: Spirit**

감성: 인간 내면에 존재하는 다양한 에너지 중
직관 및 통찰과 연결된 의식과 에너지로서 음악,
미술, 문학 등 예술활동에 많이 기여함.
영성: 인간 내면에 존재하는 다양한 에너지 중
신성 및 초월과 연결된 의식과 에너지로서 종교,
철학, 명상 등 자아완성에 많이 기여함.

감성의 힘은 무엇인가?
정신의 내면은 어떻게 가꾸어야 하는가?

감성을 지닌 미래지향적 리더로 거듭나라

"미래는 현재 우리가 무엇을 하는가에 달려 있다."

마하트마 간디Mahatma Gandhi

"인간의 가치는 얼마나 사랑받았느냐가 아니라
얼마나 사랑을 베풀었느냐에 달려 있다."

에픽테토스Epictetus

정신의 내면을
아름답게 가꾸라

인생의 목표를 정립하고, 열정적으로 노력하며, 끊임없이 자신의 내면을 바로잡고, 긍정적 자아상을 형성해 나감에 있어 감성과 영성의 문제는 매우 중요하다. 사람의 성공은 외면의 성공과 내면의 성공으로 나눌 수 있다. 외면의 성공이 부귀, 출세, 명예와 같은 외관상 눈에 보이는 성공인자라면 내면의 성공은 인격, 신념, 태도와 같은 내면의 눈에 보이지 않는 성공인자이다.

우리의 목표는 외면의 성공에 눈이 멀면 안 된다. 이상적이고 진정한 목표는 내면의 성공인자의 건실한 토대에 기초한 외면의 성공을 성취하는 일이다. 즉 두 마리 토끼를 잡을 수 있어야 한다. 많은 학자들이 강조하듯이 진정한 내면의 뒷받침이 없는 외관상의 성공만으로는 모래 위에 지은 집과 같아서 단단하지 못하고 불안함은 물론 오래가지 못할 뿐더러 진정한 행복을 얻을 수 없다.

스티븐 코비Stephen R. Covey나 매슬로우A. Maslow와 같은 대학자도 모두 인생을 성공으로 이끄는 궁극적 인자는 가치관의 형성과 그 정신적 내면을 충일하게 만드는 영성의 문제라고 강조한 바 있다.

스티븐 코비는 그의 유명한 저서『성공하는 사람들의 7가지 습관』에서 자기혁신의 차원을 육체적·감정적·정신적·영적 차원으로 나누고, 영적 차원에 해당하는 원칙 중심의 패러다임과 내면의 성품이 인생의 진정한 성공을 좌우한다는 주장을 하고 있다.

또한 매슬로우는 유명한 조직심리학자로서 인간욕구의 5단계 이론을 제시하였다. 그것은 인간은 누구나 ① 생리적 욕구 ② 안전적 욕구 ③ 사회적 욕구 ④ 자기존중의 단계를 거쳐 ⑤ 자아실현의 단계로 완성된다는 것이다. 특히 위대한 성인들은 자아실현이 완성되는 단계에서 개인의 자아중심적 욕구마저 사라지는 소실점disappearing point의 단계에 진입하게 된다고 하여 인격 함양과 영성 실현의 중요성을 강조하였다.

유럽 오페라 무대에서 이름을 크게 떨친 바 있는 세계적인 메조소

프라노 김청자 교수는 2010년 3월 21일 퇴임 공연을 뒤로하고 "이젠 내가 베풀 때"라고 하면서, 아프리카에서 봉사의 삶을 시작하겠다고 한다. 그는 지난 40년 동안 유럽과 한국을 오가며 활발하게 음악 활동을 펼치는 한편, 그동안 꾸준히 모금운동 등을 통해 아프리카의 모잠비크, 잠비아, 말라위 등을 찾아가 병원에 침대를 보충해 주고 마을의 우물파기 등을 지원하며 봉사활동을 해 왔고, 앞으로도 아프리카 말라위에서 청소년 문화갈증을 풀어주는 한편 청소년센터 봉사자로 일하는 제2의 인생을 시작한다고 한다.

그는 진정 자신이 누린 삶을 이웃에 돌리는 '노블레스 오블리주 noblesse oblige'의 삶이 무엇인지, 우러러볼 수 있는 정신의 함양이란 무엇인지 보여주고 있다. 또한 진정 어린 봉사의 삶을 펼침으로써 그의 내면이 더욱 맑고 아름답게 승화하게 될 것이며 인생의 진정한 보람과 행복, 내면의 성공과 진정한 가치가 무엇인지를 통해 참사람의 됨됨이를 보여주고 있다.

자신의 마음으로
세상을 재구성하라

우리가 일상에서 말하는 성공은 물질적인 것, 눈에 보이는 것, 효과가 바로 나타나는 것과 같이 손에 잡히는 측정 가능한 것을 말하는 경우가 많다. 하지만 진실한 성공은 이것이 다가 아니다.

진정한 성공이란 남들이 우러러볼 수 있는 견고한 성이 아닌 마음의 성공이며, 나아가 자아의 완성을 이루는 것이라고 말할 수 있을 것이다. 이는 우주 안에서 오로지 자신만이 알 수 있는 부분이며, 자신만이 개척하여 설계할 수 있는 목적으로서 타인의 이목과 관점은 오히려 2차적인 부분이라 할 수 있다.

자아의 완성을 위해서는 나라고 하는 우주가 만든 또 하나의 세상을 형성하여야 하며, 이는 진실한 마음에 기초해야만 한다. 이러한 자아의 완성은 일반적으로 내면적인 완성으로 나타나지만, 내면이 토대가 될 때 외면에서도 하나의 '완성된 결과Perfect Outcome'로 나타나 자신의 성취감은 물론 대중에게 감동을 전하기도 한다.

어둠이 내리는 적막에서
우주를 보다

그가 세계무대에 진출하면서 스스로 지은 이름, 김아타金我他, Atta. 이는 '나와 너'라는 한자漢子의 의미에 그치는 것이 아니라 '나와 너는 같다'는 의미를 담아 지은 이름이라고 한다. 여기에서 '너'를 우주로 해석하면 '내'가 곧 우주와 같다는 말이 되기도 하며, '내'가 주체이면서 또한 '너'의 대상이 된다는 말이 되기도 한다.

김아타라는 이름이 진정으로 사진예술계의 주목을 받기 시작한 것은 《인간문화재》, 《세계와 나, 존재》, 《해체》 시리즈와 《뮤지엄 프로젝트》 시리즈 등 그의 작품들이 발표되면서부터인데, 이 작품들은 국내에서보다 먼저 세계 사진예술계의 주목을 받았다. 그는 2001년 영국의 파이돈phaidon에서 선정한 세계 100대 사진가에 오르게 되었고, 2002년에는 세계적으로 유명한 사진출판사 어페처Aperture에서 사진첩을 펴냈다.

2002년부터 그는 《온 에어 프로젝트》 시리즈와 《인디아 프로젝트》 시리즈를 발표하였다. 이 작품들을 통하여 김아타는 사진예술계에서 세계적인 '유망주有望株'로 주목받게 되었다. 컴퓨터 황제, 빌 게이츠가 김아타의 사진작품을 소장하고 있는 데다가 지난 2006년 아시아주 사진작가로서는 최초로 뉴욕 세계사진센터ICP: International Center of Photography에서 개인전을 열어 주목을 받기도 하였다.

김아타의 사진예술이 세인들의 주목을 받는 가장 주요한 이유는 그의 끊임없는 해체解體를 통한 철학적 사유 때문이다. 즉 김아타의 사진예술은 사진과 미술의 만남에 그치는 것이 아니라 사진과 철학의 만남을 실험하는 것이라 할 수 있다. 그는 자신의 철학을 눈에 보이고 손에 잡힐 수 있는 구체적이고 감각적인 것으로 표현시켰으며, 이것이 바로 김아타가 뉴욕을 감동시키고 미국을 감동시키고 세계를 감동시킨 힘인 것이다. 《뉴욕타임스》가 김아타를 "철학적인 사유가 극히 참신한 사진작가이다."라고 평가하였던 이유도 여기에 있다.

작가 김아타는 「홀씨의 여행」이라는 글에서 자신의 감성과 영성을 키우기 위한 자신만의 독특한 체험을 소개하고 있다. 사진을 시작하며 일가 를 이루겠다고 결심한 김아타는 다른 작가들이 도시로, 해외로 나갈 때 그는 오히려 정반대로 경남 양산의 깊은 계곡, 배네골로 들어갔다고 한다. 그곳, 높고 낮은 산들로 둘러싸여 있고 일 년 내내 물이 흐르는 계곡에서 그는 수많은 돌과 이끼, 풀과 곤충들을 만났다. 그곳은 그가 '상상할 수 없는 세계를 상상하게 해주고, 세상의 이치를 깨닫게 해 준 천혜의 자연조건'을 갖추고 있었다.

세상 사람들이 작가 김아타가 잘못된 길을 가고 있다고 우려와 걱정을 늘어놓을 때에도, 남이 가지 않는 무모한 길을 가는 것을 꾸짖을 때에도 그는 개의치 않고 적막한 깊은 계곡, 그곳에서 자연의 소리에 귀를 열어두는 시간을 통해 감성을 키우며 꼬박 10년을 보냈다. 작가 김아타는 유행을 따라가느니 유행을 만들고 싶었고 자유를 모방하느니 무한한 자유를 만나고 싶었다.

그는 그곳에서 생명을 보았으며 우주를 보았다. 큰 바위와 숲과 나무, 흐르는 강물과 강가의 돌들에서 살아 있는 생명 덩어리, 어둠이 내리는 배네골에서 살아 있는 모든 것들이 함께하는 축제의 장을 목격했다. "배네골에서 보낸 10년은 무모했지만, 가치 있는 행동이었고 축복이었다."라고 잘라 말하는 그는 "남들과 다른 방향으로 갔기에 나는 새로운 곳에 갈 수 있었다."라는 의미 있는 말로 자신의 감회를 대신하였다.

세상에서 가장 적막한 계곡에서 10년을 보낸 그는 이제 세상에서 가장 시끄러운 도시, 야만과 진화의 도시, 지독한 아이러니의 도시, 뉴욕 맨해튼 29번가로 떠났다. 그곳에서 그는 대중들에게 'On Air' 시리즈에서 텅 빈 타임스퀘어를 보여 주었고, 바람과 정적이 감도는 42번가를 보여주었다. 베네골에서 단련한 그만의 이미지 감성훈련이 자신의 예술세계를 더욱 미려하고 독특하게 건설해주어 뉴욕 사람들을 놀라게 할 수 있었고, 그의 명성은 런던으로, 베이징으로, 또 더 먼 곳으로 날아들었다.[19]

자신의 내면에 존재하는
빛나는 감성을 발견하라

　우리의 마음에는 다양한 에너지가 존재한다. 그리고 다양한 에너지의 작용으로 우리의 내면이 만들어지고 표현된다. 여기에는 긍정적인 에너지가 있는가 하면 때로는 부정적인 에너지도 있다. 이러한 인식을 바탕으로 우리는 자신의 내면에 존재하는 부정적 에너지는 정화하고, 긍정적 에너지는 더욱 확장시켜야 한다. 그렇게 된다면 우리는 어둠과 당당히 맞설 수 있는 힘을 얻는 것과 동시에 환한 빛으로 나아갈 수 있는 비전을 제공받을 수 있다.

　비전으로 가는 길목에 우리는 누구나 갖고 있는 자신만의 감성 지수를 계발하여 높은 직관과 창조를 발생, 착안시켜 자신의 긍정적 에너지를 확대시킬 수 있다. 그것으로 우리의 마음을 긍정적으로 채울 수 있다. 목표를 이루기 위해서 목표에만 집착하는 것은 세상으로부터 자신을 가두는 것이다. 세상으로부터 자신의 문을 닫은 사람은 진정한 의미의 성취를 거둘 수 없다.

진정한 프로는 세상을 향해 자신을 열고, 열린 마음을 통해 자신만의 감성으로 자신을 성취한다. 폐쇄의 길이 아니라 실천과 개방의 길로 들어서 자신의 목적의식으로 도달하는 것이다. 세상을 향해 열린 마음에 들어오는 감성 에너지는 평온과 타인을 직시하는 이해력은 물론 높은 직관을 창조한다. 이러한 직관으로 이루어진 성취는 세상에서 말하는 '목표 달성'이라는 또 다른 부수적인 결과를 가져다준다.

자신의 내면에 존재하는 빛나는 감성을 발견하고 이를 꾸준히 발전시키는 의지와 더불어 이를 확장시키는 노력을 지속하게 될 때 우리는 외면의 성공을 넘어 어느덧 내면의 완성이라는 또 다른 세계로 한발 더 다가갈 수 있을 것이다. 그러한 성취는 우리에게 외면만으로 이루어진 성공이 가질 수 없는 성격의 또 다른 행복을 우리에게 선사하여 줄 것이다.

맑고 싱그러운 자연에서 감성을 담은 시선과 손길로 생명을 체험하며, 숲 속의 살아있는 직감적인 에너지를 피부로 촉감하며 자신의 열린 세포로 느끼고 흡수하여 높은 에너지로 충만해질 때, 내면에 맞닿아 있는 외면을 발견하여 그 참모습을 그릴 수 있을 때 그대는 한 차원 다른 내면의 직관과 감성의 세계를 만나게 될 것이다.

그때 그대는 어쩌면 하나의 경지에 오를 수 있을 것이다. 세상사의 경쟁조차도 또 다른 시각에서 인식하며, 태연함과 자신감을 겸비한 여유를 지닐 수 있을 것이며 그때에 제도권의 게임은 하나의 놀이가 되어 그대는 놀이를 유희 그 자체로 즐길 수도 있을 것이다. 그 놀이의 주인공이 되어 마음껏 자신의 역량을 펼칠 새로운 게임의 승자가 될 것이다.

꽃과 나비를 보며
싱긋 웃는 여유

최나연. 그녀는 선수생활 중 슬럼프로 매우 힘든 시기를 겪고 2005년부터 다시 순위에 오르기 시작하였으며, 2009년부터 LPGA 승리를 두 번씩이나 거머쥐며 다시 황금기를 맞게 되었다. LPGA의 새로운 스타로 부상하게 된 비결은 그녀의 변화에 있었다. 그녀의 생각은 어떻게 바뀐 걸까?

"많이 바뀌었어요. 그전엔 골프를 해야 하는 거라고 생각했다면 이제는 제가 사람들한테 그래요. '골프는 정말 재미있다고. 경기는 즐기면서 하는 것.'이라고."

손에 잡힐 것 같았던 우승컵이 매번 달아나면서 겁을 내기 시작했던 그녀가 변화한 계기는 스포츠 심리치료 전문가에게 비결을 전수받은 후였다고 한다. 심리검사 등을 통해서 운동선수치고는 좋지 않은 내재적 분노와 불안감이 높게 나왔으나 감성과 직관력은 높게 나왔음을 알게 되었다. 인간의 분노와 불안은 후천적인 환경에 좌우되고 노력과 시간에 따라 변화할 수 있지만, 감성과 직관력은 천부적인 능력이기에 운동선수로서는 축복이었다. 그녀는 자신도 몰랐던 장점인 감성과 직관력에 집중하기 시작하였다.

그러나 경기를 즐기자고 마음은 먹었지만 처음부터 결과가 좋았던 것은 아니다. 그녀는 계속 주춤했고, 경기 중 벌타(골프에서 반칙, 부정행위 따위에 대한 벌로 받는 타수)를 받은 뒤 퍼트(그린 위에서 공을 홀에 넣기 위해 퍼터putter를 사용하여 스트로크stroke하는 것)에 실패하며 더블 보기(해당 홀의 기준 타수보다 2타수 많은 스코어)를 범했다.

졸지에 1언더파(기준 타수(par)보다 1타수 적은 스코어)에서 1오버파(기준 타수(par)보다 1타수 많은 스코어)가 되었다. 그러나 반복되는 슬럼프와 위기에도 그녀는 자신의 장점에 주목하는 것을 멈추지 않았고, 자신의 감성과 직관력으로 처음의 감을 믿고 선택하자 더 이상 심각하게 고민하지 않게 되었다.

그때부터 변화가 시작되었다. 갑자기 주변 풍경에 관심을 갖고 말이 많아졌다. 경기 내내 더욱 놀라웠던 건 그녀가 버디와 꾸준히 자신의 플레이에 대한 대화를 하기 시작하였다는 것이다. 변화가 있기 전, 그녀는 버디를 잡아도 주먹을 쥐고 환호하거나 웃지 않았고 갤러리들을 향해서도 적극적으로 제스처를 하지 않았다.

한마디로 소심한 플레이를 했었다. 그러나 경기 중일 때 표현을 많이 하고 경기를 즐기고 있다는 것을 표현하라는 조언을 듣고, 갤러리들을 향해 꼬박꼬박 인사를 하고 버디를 잡으면 기쁘다고 표현도 하게 되었다. 그녀는 어느 날 심리상담 중 받았던 조언으로 경기이후 일기를 쓰게 되었다고 한다.

"처음에는 코스에 갔던 것 외에는 아무것도 생각나지 않았어요. 그런데 골프장에서 본 갤러리, 나비, 꽃들의 모습이 하나씩 떠오르는 것을 깨닫고 지금 이 순간을 있는 그대로 느끼는 게 최고의 비결임을 알게 되었어요!"

마음의 변화가 시작되자 몸이 경기 우승을 위해 필요한 변화를 갖는 것은 어려운 일이 아니었다. 자신의 단점을 극복하고 좀 더 나은 스윙과 롱게임을 위한 노력도 즐기게 되다 보니, 자연스레 자신의 원래 스윙처럼 몸에 배기 시작하였다. 오히려 급하게 변화하겠다는 욕심을 버리고 몇 년이 걸려도 정확한 습관을 들이자고 마음먹자 습관을 위한 노력 또한 즐길 수 있게 된 것이다.

그녀는 말한다. "크게 바뀐 건 없어요. 심리적인 게 가장 커요. 늘 자신감을 가지려고 해요. 머릿속으로 '이거 된다' 하고 자신감을 가지면 정말 스윙이 아무리 나빠도 공이 제대로 가요." 경기마다 승승장구하고 있는 그녀는 이제 대회 플레이 도중 여유가 생기면 주변 풍경을 바라보며 혼자 싱긋 웃기도 한다.

자신의 능력을 믿고 자신의 마음 안에서 일어나는 부정적인 감정과 작용들을 자신의 감성에너지를 통해 한차례 소멸시키는 것. 그리고 자기의 감성과 직관력을 맘껏 펼치기 위해 노력하고 그것을 자신이 하고 있는 일에 몰입으로 투영시키는 것. 그리고 무엇보다도 현재 자신이 겪고 있는 순간을 온전히 즐기는 것. 이것이야말로 그녀가 진짜 승리하는 이유였다.

실전 TIP

· 감성을 키우기 위한 그대만의 방법을 계발하라. 자연을 느끼는 것 혹은 경험해보지 못한 향기나 감촉을 느끼는 것도 좋다. 감동을 주는 책, 영화, 연극, 다양한 매체 등을 통해 자신의 마음을 감성으로 적셔보자. 자신의 내면을 아름답게 가꾸어 보라.

· 휴식의 시간을 활용하여 자연으로 나가보자. 마음을 비우고 새로운 무언가를 마음에 맞아들일 준비를 해보자. 산과 들, 강과 바다에서 자신만의 시간을 가져보라. 때론 여행을 통해 자신을 돌아보는 시간을 갖자. '익숙한 것과의 결별'을 통해 우리는 낯선 감각으로 열린 새로운 길을 걸을 수 있고 일상을 새로운 시각에서 바라볼 수 있다.

· 자신의 내면에 존재하는 빛나는 감성을 발견하라. 버스, 지하철 등 이동하는 시간, 공강 등 자투리 시간을 활용해서 하루 10분 자신을 되돌아보라. 온전히 나의 시간을 만들어보고 나와 함께 있어보라. 영성을 배양시키는 것은 매우 중요하다. 고요한 마음으로 자신을 성찰하며, 자신이 느끼고 있는 바, 하고 싶은 바를 찬찬히 살펴보고, 이를 통해 자신만의 귀중한 가치를 발견해보자.

· 클래식 음악이나 명상음악, 아름다운 그림 감상하기, 꽃과 나무가 있는 교정이나 공원 산책하기 등을 통해 머릿속에 있는 복잡한 생

각들을 잠시 비우고 본연의 나로 돌아가 보라. 무엇이 보이는가? 그 길을 따라 걸으면서 자신에게 말 거는 모든 것에 귀를 기울여 보자. 내면에서 긍정적인 에너지가 샘솟아 자신의 하루를 활기차게 보낼 수 있을 것이다.

◎ V=DR

Vivid = Dream × Realization: 미래 기억을 활
성화시키는 방법.

"전두엽에는 미래기억을 담당하는 부위가 있다."
– 조지 워싱턴대학 리처드 레스텍 박사

더 큰 세상을 꿈꾸어라! 미래지향적인 꿈이 나를
더 크게 만들 것이다.

점점
더 크게
꿈을 꾸라

"좋은 생각은 좋은 열매를 맺고, 나쁜 생각은 나쁜 열매를 맺는다. 사람
은 누구나 자기 자신을 가꾸는 정원사이다."

J. 앨런J. Allen

"삶을 발코니에서 관망하지 말라."

프란치스코 교황Pope Francis

더 큰 꿈들이
그대 가슴 안에서 고동치게 하라

세계적인 석학들은 21세기는 감성의 시대가 될 것이라 예측한다. 20세기 물질문명의 패러다임은 종식을 고하고 21세기는 진정으로 사람이 주가 된 사람으로 향하는 에너지와 감성 중심의 사회가 올 것으로 예측한다.

우리의 가슴 안에서 그리고 자신의 내면 안에서 더 큰 꿈들이 뜨거운 열망으로 고동칠 때 그 꿈들은 정말로, 멋지게 자신의 상상보다 더욱 장엄한 원천으로 우리의 생활 속에서 실현될 것이다. 창조적 에너지로부터 주고받고 구할 수 있는 사랑과 지혜의 양에는 제한도 한계도 없다. 그것은 참된 인간상을 실현시킬 뿐만 아니라 누군가에게 주어도 상실되지 않고 더욱 큰 긍정의 에너지로 우리를 맞이한다.

지혜로운 리더는 1차원적으로 혹은 외면만으로 생각하지 않고 항상 가슴으로 사고한다. 또한 내면에서 일어나는 모든 것을 처리함에 있어 사회 전체를 아우를 수 있는 사람 간의 관계를 올바르게 유지시킬 수 있는 평정심을 잃지 말아야 한다. 우리는 감성적 균형을 잡고 조화롭게 생활하는 법을 배워야 하며, 그때 우리 쪽으로 오는 부조화한 에너지들을 버리고 우리의 가슴속 깊은 곳으로부터 공명하는 진실한 에너지와 내면의 작용에 귀 기울여야 한다.

우리는 자신을 각성시키고 완성시킴으로써 우리 주위에 빛을 밝힐 수 있다. 그리고 그 빛은 세상과 이웃과의 관계 속에서 더욱 빛을 발휘하게 될 것이다. 이처럼 다가오는 새로운 시대에 직면하여 젊은 리더들은 에너지와 감성에 더욱 매진하여 미래지향적 리더십으로 무장되어야 할 것이다.

자신의 순수한 내면을
회복하라

우리 내면의 가장 깊은 곳에는 순수의식이 있다. 너무도 순수하여 빛이라고 불러도 좋다. 최고로 순수한 그 무엇! 순수 입자! 순수 물결! 금빛 입자! 빛과도 같지만 사실은 빛도 초월하고 있는 원초적이고 때묻지 않은 순수한 그 무엇이 우리의 참자아이다.

그것은 사랑 자체이며 늘 깨어 있고 모든 것을 알고 있다. 그것은 입자이면서 파동이고 파동이면서 입자이다. 그것은 리듬을 타고 있고 빛 물결이며 빠른 속도로 움직이며, 끊임없이 회전하고 있다. 그것은 예지와 인식 능력을 가지고 있고 밝게 빛나며 항상 깨어 있다.

삶과 죽음 전체의 바탕이 되는 정신의 본체! 시원始原에서부터 '텅

비어' 있고 광대하며, 밝게 빛나고 어디에나 '충만'해 있는 그 무엇! 그리고 그 어떤 것에도 막힘이 없고 자발적으로 현현顯現하는 그 무엇! 그것이 우리의 참모습이다.

정신의 본체를 찾는 길은 자기 인내와 노력을 필요로 한다. 몰입 독서와 공부를 통해 자신을 정립하라. 맑고 밝은 에너지들로 채워질 수 있도록 자신의 정신을 강하게 단련시켜보자.

마음을 크고
유연하게 확장하라

우리의 의식은 본래 크고 무한대이다. 우리는 우리의 의식을 우주만큼 크고 유연하게 확장시킬 수 있어야 한다. 원래 모습대로의 본래 의식을 체험할 때 우리는 우리의 무한한 가능성에도 눈뜰 수 있게 된다. 크고 유연한 생각에서 창조적인 지혜가 나온다. 우리의 마음이 크고 유연하게 확장된 큰마음이 되기 위해서는 우리의 마음속에 짐이 될 만한 걸림돌들이 사라져야 한다. 그럴 때 우리는 진정한 자아와 맞닥뜨릴 수 있는 것이다.

육체적인 긴장을 모두 이완해보라. 걱정, 두려움, 불안, 불신, 의심, 자신을 가두는 모든 것을 내려놓고 자유를 누려보라. 마음속에 거리낌이나 죄의식은 모두 버려라. 육체와 마음이 아주 자유로운 상태, 자신만이 비로소 자신으로서 평온에 달한 상태, 아무것에도 걸림이 없는 상태에서 그대의 의식은 우주처럼 유연하고 크게 확장이 되기 시작할 것이다.

우리 마음이 진정으로 편안함을 느낄 때, 그때 비로소 우리의 정신작용은 창조적으로 움직이기 시작한다. 그러한 창조적 역량은 때론 폭풍처럼 거세고 호수처럼 잔잔할 것이나 그것이 숨기고 있는 가능성은 무엇에도 비유할 수 없을 것이다.

이러한 창조적 사고를 위해서는 유연하게 확장된 사고를 가지고 육신의 본체는 물론 정신의 본체를 회복하기 위해 노력해야 한다. 우리 마음의 본래 자리에 다가가기 위해 진지한 노력을 해보자. 어둠이나 굴레가 아닌 자신 스스로 빛나는 주체적 공간, 그곳으로 발을 옮겨보자. 그리고 스스로에게 한번 물어보자.

'나는 인생이라는 배움의 장소, 무궁무진하게 뻗어있는 이 현재, 지구라는 별에서 올바른 여행자가 되기 위해 자신의 인생을 진정으로 개척하는 주인공이 되기 위해 지금 어떤 노력을 하고 있는가?'

어렵더라도
늘 바른 길을 걸어라

내 방에는 자그마한 액자 하나가 걸려 있다. 어떤 평범한 서예가가 운명처럼 써준 그 액자를 나는 소중하게 간직하고 있다. 그 액자에는 이러한 문구가 적혀있다. "어렵더라도 늘 바른 길을 걸어라." 그 문구는 늘 나를 지켜보는 듯하다. 내 인생의 좌우명이라고도 할 수 있는 그 문구를, 나는 아침저녁으로 내 마음속에 각인시킨다.

'어렵더라도' 그런 수식어가 앞에 붙은 것을 보면 바른 길을 걷는 것이 정말 쉽지 않기 때문인 것 같다. '늘' 항상이라는 뜻을 가진 이 단어는 '어느 순간이라도 잊지 말고', '가슴에 염원처럼 담아 두라'는 의미인 것 같다.

아마도 핵심은 '바른 길을 걸어라'에 있을 것이다. 그리고 그것은 그만큼 바른 길을 걷는다는 것의 어려움을 표현하고 있는 동시에 그럼에도 어떤 일이 있어도 늘 그 '바른 길'을 놓치지 말라는 의미일 것이다.

사람에 따라서 그 '바른 길'의 의미를 조금씩 다른 의미로 받아들이겠지만 내게는 그 '바른 길'이 바른 정신과 바른 인격을 함양하라는 의미로 다가온다. 그러한 바른 길로써 자신을 열고 걸어 나가라는 의미로 다가온다.

정면으로
대응하라

세상에 진짜 두려운 것은 아무것도 없다. 다만 두렵다는 생각이 있을 뿐이다. 우리의 영원한 생명의 실상 자리인 '정신의 본체'에는 두려움이 없다. 정신의 작용에서 파생된 의식이 두려움이라는 그림자를 만들어 내고, 우리를 두려움 속으로 몰고 가는 것이다. 두려움도 정신의 한 부분이지만 우리는 이것을 회피해서는 안 된다. 그림자에는 실체가 없다. 이 세상에 오직 유일하게 실재하는 것은 창조적 에너지 장場뿐이다. 인도의 성자, 라마나 마하리쉬는 그 자리에 도달한 의식 상태를 '의식意識-지복至福-실재實在'라고 불렀다.

우리의 본질이 육체를 넘어선 진아眞我라는 것을 알게 되면 두려워할 일이 아무것도 없다. 육체의 죽음도, 육체의 고통도 그리고 그 어떠한 것도 있는 그대로 생멸의 현상일 뿐 진짜 우리가 불안해야 할 대상이 아니다. 우리의 영원한 생명의 근원인 '정신의 본체'에는 그리하여 생멸生滅이 없는 것이다.

두려움은 누군가의 소유도 아니며 반대로 누군가가 기피할 수 있는 대상도 아니다. 즉 생각하기에 따라 두려움을 물리칠 수도 평생을 두려움을 안고 살 수도 있는 것이다. 어차피 누구나 두려움 앞에서 자유롭지 못하다면 그것을 자신만의 당당함, 미래의 자신감으로 돌파하여 생의 의지로 발현시키는 것은 어떨까? 두려움이 병이라면 병마와 싸워 이기는 환자들처럼 병을 다스리고 마침내 자신이 주인인 삶을 개척해 나가면 되는 것이다. 두려울 것이 없다.

그럼에도 만약 우리에게 두려운 것이 있다면 두려움을 직접적으로 대면하라! 두렵다는 생각을 안고 차일피일 미루고 있으면 두렵다는 의식만 점점 더 키우게 될 뿐이다. 그러므로 만약 우리가 현재 열등의식을 가지고 있거나 영영 하지 못할 일처럼 두려움의 노예가 되어 자신의 시간을 낭비하고 있거나 두렵다는 생각을 하고 있다면 털고 일어나 당당하게 앞으로 걸어 나아가라. 두렵다고 생각하는 대상에 정면으로 대응하는 것이 두렵다는 생각에서 벗어나는 가장 좋은 방법이다.

아시아의 슈바이처,
이종욱 박사

주목받는 삶보다는 어렵더라도 옳은 길을 가고자 노력했던 사람. '아시아의 슈바이처', '백신의 황제'라 불리던 인물이자 한국인 최초의 UN 전문기구 WHO 사무총장인 그는 바로 이종욱 박사이다.

그는 WHO 사무총장 선거 당시 전 세계 300만 에이즈 환자에게 치료제를 보급한다는 획기적인 공약을 제시하였다. 그러나 에이즈에 대한 대중적 무관심과 예산이 확보되지 않은 상황에서 WHO 직원들조차 불가능하고 무모한 공약이라고 우려를 표시했다. 하지만 주변의 우려에도 아랑곳하지 않고 옳다고 생각하면 행동해야 한다는 신조를 가지고 약속한 일을 과감하게 추진하였다.

그는 유명 인사들에게 투자를 유치해 질병퇴치기금을 마련하고 일 년 중 150일, 연 30만km가 넘는 출장길에 나섰다. 국가원수급 대우를 받을 수 있는 위치에도 불구하고 늘 이등석 좌석을 이용하고 1500cc 친환경 자동차로 이동하며 소박하고 청렴한 자세로 자신이 옳다고 생각하는 길에 직접 발로 뛰어다니며 적극적으로 행동하였다.

그가 목표로 내세웠던 300만 명 모두에게 치료제가 보급된 것은 아니었으나 100만 명 이상이 치료제를 보급받았고 아프리카 에이즈 환자에 대한 대중의 많은 관심을 끄는 데 성공하였다. 그의 이러한 탁월한 노력과 함께 조류독감 확산 방지, 소아마비와 결핵 예방, 흡연규제 등에서도 탁월한 지도력을 인정받아 2004년에는 《TIME》이 선정하는 '세계에서 가장 영향력 있는 100인'에 이름이 오르는 등 세계인들의 존경을 받는 인물이 되었다.

남들이 불가능하고 무모하다고 말리는 어려운 상황일지라도 늘 바른 길을 걷고 도전하며 행동을 보여준 이종욱 사무총장이야말로 이 시대의 진정한 슈바이처가 아닌가 생각해본다.

미래지향적 리더로
거듭나라

바른 독서습관을 유지하고 삶의 현장에서 공부하라. 뜻있는 일에 마음을 쓰고 그렇지 못한 일을 과감히 중단하라. 그리고 꾸준히 실행하라! 그러면 어느덧 그대는 성공하는 사람처럼 생각하고 판단하고 실행하고 있는 자신을 발견하게 될 것이다. 그리고 머지않아 성공한 인물이 되어있을 것이다. 그동안의 자신감과 미래에 대한 전망은 내적 충만으로 무장될 것이며 그대의 문제해결 능력은 배가 되어 있을 것이다.

미래를 향해서 정진하라! 자신의 판단을 믿어라! 뜻이 있는 곳에 길이 있다. 뒤돌아보지 말고 앞을 보라. 자신을 갱신하는 일에 게을리하지 말 것이며, 자신의 발전에 아낌없이 투자하라. 인내하면 못할 일이 없다. 어느 누구든 인내하지 않으면 어떤 분야에서도 지속적인 성공을 거둘 수 없다.

성공을 향해 용기를 갖고 인내한다면 교육 수준이나 배경, 돈, 명예와 관계없이 반드시 성공할 수 있는 것이다. 인내는 그만큼 성공으로 향하는 지름길이다. 인내는 도달하고자 하는 목적으로의 불가피한 요소이며 아낌없이 베푸는 스승이다. 그러므로 인내란 성공에 있어서 필수적인 요소이다.

마음이 먼저다. 만사는 먼저 마음속에서 이루어진다는 사실을 명심하자. 마음 없이는 생각이 없고 생각 없이는 창조도 없다. 마음이란 이미 존재하는 세상과 아직 존재하지 않는 세계 사이를 연결하는 고리이다. 그렇기 때문에 마음속에서 이루어진 일은 현실에서 이루어지게 되어 있는 것이다.

원하는 대로 나의 세계를 바꿔 나갈 수 있다. 지금 걷는 길이 나의 미래에 대한 창조인 것이다. 의도적으로, 체계적으로 그리고 꾸준히 어떤 목표를 향해 생각과 감정, 기대를 집중시키면 그것이 곧 실제 경험을 만들어 낸다는 진리를 믿으라. 노력이 헛되지 않음을 믿고 자신의 마음을 믿고 진리를 향해 나아가라.

그러므로 누구에게 애걸하거나 하소연할 필요 없이 조용히 진정으로 성취하고자 하는 목표에 집중하고 올바른 독서와 배움의 자세를 가진다면 어느덧 그대의 목표는 하나씩 이루어질 것이다. 그대는 강력한 초신성이다.

그대는 무한의 영역이며 가능성으로 충만하다! 우울한 기질은 날려 보내라! 내가 끊임없이 발산하는 생각, 감정, 상상에 따라 열망하는 모든 것은 나 자신에게로 끌어당길 수 있다. 자신의 길은 자신이 개척하기에 따라 그 면모를 보여줄 것이다.

그대는 우주의 중심이다. 우주도 그대가 있기에 있는 것이다. 그대는 원하는 모든 것을 창조할 수 있는 힘을 가지고 있다. 이렇게 확연하게 믿고, 두려움을 떨쳐버리고 자신이 성취하고자 하는 바를 향해 선언하고 과감히 실행하라!

마지막으로 미래지향적 리더는 다음과 같은 강한 사고와 습관을 형성한 사람이라는 것을 명심하자.

- 목표를 향해 간절한 열망을 불태우고 달성계획을 글로 적어서 날마다 확인하라!
- 성공적인 결과를 상상력을 발휘하여 마음속에 그려라!

- 목표 달성을 끊임없이 스스로에게 각인시켜라! 다짐하고 명령하라!

〈미래지향적 리더가 되기 위한 10가지 성공 포인트〉

1. 가슴 터질 것 같은 열망을 품어라!

2. 진정한 목표를 이루겠다고 결심했다면 그 결과를 마음속에서 간절히 믿어라!

3. 내가 진정으로 원하는 간절한 열망을 마음속에서 진심으로 믿어야 한다!

4. 마음속에 품은 성공과 비전의 계획은 아무에게나 함부로 털어놓지 않는 게 좋다!

5. 큰 것이든 작은 것이든, 성공과 비전을 위해 필요한 모든 일을 실천에 옮겨라!

6. 바라는 결과가 즉시 나타나지 않는다고 해서 불안해하거나 당황하지 마라!

7. 다른 사람들이 말하고 생각하는 것에 신경 쓰지 말고 조용히 마음속으로 성공과 비전이 이루어지는 것을 신뢰하고 실천하라!

8. 올바른 독서와 공부 습관을 유지하고 실천하는 한 실패란 있을 수 없으며, 그 어떤 것도 당신에게서 성공과 비전을 빼앗아 가지 못한다!

9. 진정한 성공과 비전을 열망하고 계획함으로써, 그 꿈은 이미 마음속에서 실현되었다는 것을 명심하라!

10. 저주파의 의식상태를 고주파의 의식상태로 바꾸는 것이 미래지향적 리더의 목표다.

◈ 미래지향적 리더십 함양을 위한 자기개발 체크리스트

미래지향적 리더십 함양은 냉철한 자기진단에서 시작된다. 여러분의 평소 태도를 진단해 보면 좀 더 긍정적이고 효율적으로 변화해 나갈 계획을 수립할 수 있을 것이다. 다음의 질문 내용에 대해 가능한 한 솔직하게 답해 보자.

제I단계: 점검단계
아래의 내용에서 여러분의 현재 상태를 가장 가깝게 기술하고 있는 곳에 체크를 한다.

0점	1점	2점	3점	4점
전혀 그렇지 않다	거의 그렇지 않다	약간 그렇다	가끔 그렇다	항상 그렇다

[체크사항]	0 1 2 3 4
비전과 미션	
1. 당신은 가슴 터질 것 같은 꿈을 가지고 있는가?	
2. 당신은 꿈의 실현을 가슴 깊이 바라고 소망하고 있는가?	
3. 당신의 꿈은 당신의 분야에서 최고를 지향하고 있는가?	
4. 당신의 꿈은 이웃이나 공동체에 얼마나 도움이 되는 것인가?	
5. 당신의 동료들은 당신을 얼마나 꿈이 큰 사람이라고 생각하는가?	
점수	

열정과 노력					
6. 당신은 꿈을 실현하기 위해 얼마나 뜨거운 열정을 가지고 있는가?					
7. 당신은 꿈을 실현하기 위해 얼마나 노력하고 있는가?					
8. 당신은 꿈을 포기하지 않고 지속할 수 있는 집념을 얼마나 가지고 있는가?					
9. 당신은 꿈과 성공을 위한 계획을 얼마나 성실하게 실행하고 있는가?					
10. 당신의 동료들은 당신을 얼마나 열정적인 사람이라고 생각하는가?					
점수					
긍정적 태도					
11. 당신은 일상에서 불평을 얼마나 많이 하는가?					
12. 당신은 자신과 관련된 문제가 발생했을 때, '잘될 거야'와 같은 긍정적인 생각을 얼마나 하는가?					
13. 당신은 일을 추진함에 있어 얼마나 긍정적인 결과를 상상하는가?					
14. 당신은 평상시 긍정의 단어를 얼마나 많이 생각하는가?					
15. 당신의 동료들은 당신을 얼마나 긍정적인 사람으로 생각하는가?					
점수					
소통과 관계					
16. 당신은 상대방을 대할 때 얼마나 진심 어린 자세로 대화를 진행하는가?					
17. 당신은 당신과 관련된 사람에게 먼저 베풀려고 노력하는가?					
18. 당신은 타인의 얘기를 먼저 들으려고 노력하는가? 아니면 당신의 얘기를 주로 먼저 하는 편인가?					
19. 당신은 효과적인 의사 전달을 위해 얼마나 노력하는가?					
20. 당신의 동료들이 힘들 때 당신에게 얼마나 도움을 요청하는가?					
점수					

도전과 창의					
21. 당신은 주어진 목표를 향해 얼마나 과감하게 도전하고 있는가?					
22. 당신은 자신이 현재 하고 있는 일이 얼마나 재미있는가?					
23. 당신은 주어진 목표에 얼마나 몰입하는가?					
24. 당신은 일을 추진함에 있어 얼마나 자주 기발한 발상이나 아이디어를 내는가?					
25. 당신의 동료들은 당신을 얼마나 창의적인 사람으로 생각하는가?					
점수					
열정과 노력					
26. 당신은 주변 상황에 얼마나 열린 태도를 가지고 있는가?					
27. 당신은 주변의 작은 것에서도 얼마나 감사한 마음을 가지고 있는가?					
28. 당신은 영화나 드라마를 보면서 얼마나 자주 감동받는가?					
29. 당신은 얼마나 자주 기도 혹은 명상을 하고 있는가?					
30. 당신의 동료들은 당신을 얼마나 내면이 아름다운 사람으로 생각하는가?					
점수					
총점					

제II단계: 평가단계

(1) 부문별 평가

D(5점 이하)	C(6-10점)	B(11-15점)	A(16점 이상)
매우 미흡	좀 더 분발	우수(노력 필요)	아주 우수

(2) 종합 평가

D(60점 이하)	C(61-80점)	B(81-100점)	A(101점 이상)
매우 미흡	좀 더 분발	우수(노력 필요)	아주 우수

전체 점수를 더한다. 그대의 총합 점수는 아래 범주 중 어디에 해당하는가?

A: 101점 이상
B: 81~100점
C: 61~80점
D: 60점 이하

3) 평가에 대한 판단
그대의 점수가 A 범주에 속한다면 매우 가슴 뛰는 꿈과 비전을 가지고 있으며, 이를 달성할 수 있는 마음과 태도, 관계 및 기술 등을 모두 갖추고 있는 것으로 판단된다.

만약 그대의 점수가 B 범주에 속한다면 우수한 상황에 속하나 자만하지도 그렇다고 좌절하지도 말고 자신의 의지를 믿고 자신의 미래를 향한 지속적인 노력이 필요하다.

아쉽게도 그대의 점수가 C 범주 이하에 속한다면 목표에 대한 점검, 노력에 대한 점검, 태도에 대한 점검 등 현재 상태를 변화시킬 방법을 찾아야 한다. 좌절하지는 말고 천천히 전진하되 자신을 바라보며 자신감을 가지고 솔직하게 앞날을 향해 정진해야 한다. 여러분의 목표나 열정은 여러분의 미래지향적 성공 가능성에 핵심적인 요소로 작용하기 때문이다.

나는 어떤 사람으로 기억되고 싶은가?

"나 자신의 삶은 물론 다른 사람의 삶을 아름답게 만들기 위해 끊임없이 정성을
다하는 것처럼 위대한 것은 없다."

톨스토이|Leo Tolstoy

"밤마다 당신의 하루를 돌아보라. 당신의 하루는 진실로 아름다웠는지를. 그리
고 하느님의 뜻에 합당한 것이었는지, 그가 기뻐했을 만하였는지를."

헤르만 헤세|Hermann Hesse

천국의 질문: 삶의 기쁨을 찾았는가?

영화 〈버킷 리스트: 죽기 전에 꼭 하고 싶은 것들〉에서 유명한 배우 모건 프리먼이 억만장자인 친구 잭 니콜슨에게 다음과 같이 말하는 장면이 나온다.

"천국의 문에 이르면 두 개의 질문이 주어진다네. '그대는 지난 삶에서 삶의 기쁨을 찾았는가?', '그대는 그 삶의 기쁨을 다른 사람과 나누었는가?' 과연 자네는 어떤가?"

이를 달리 표현한다면 다음과 같은 질문이 될 수도 있겠다.

'그대는 이번 삶에서 무엇을 배웠는가?'
'그대는 얼마나 사랑했는가?'
'그대의 역할은 무엇이었는가?'

지금이라도 늦지 않았다. 치열하게 배울 필요가 있다. 자신의 신성을 빛내라! 지적인 삶을 준비하고 가치 있는 삶이 될 수 있도록 자신을 업그레이드해보자. 책을 통해 혹은 사람들과의 참다운 관계 속에서 열심히 배우고, 자신과 주변의 삶을 아름답게 가꾸어보자.

그리하여 천국의 문에 도달했을 때 자신 있게 자신의 삶을 되돌아
볼 수 있다면 얼마나 좋겠는가? 지난 한세상 참 잘 살았노라고. 진정
아름다웠고 행복했노라고.

톨스토이의 회심: 나는 어떻게 살 것인가?

톨스토이Leo Tolstoy는 『참회록 인생론』에서 그의 인생의 전환점에 대해 기록하고 있다. 그는 50에 이르러 어떤 인생의 전환점에 부딪히게 되는데, '나는 누구인가?', '나는 왜 사는가?'라고 하는 절체절명의 질문과 마주한 그는 사흘 낮과 밤, 한 위치에서 꼼짝달싹도 못 한 채, 물도 한 모금 못 마신 채 고민에 빠지게 되었다.

'나의 생활은 멈추었다. 숨 쉬고 먹고 마시고 잠잘 수 없었다. 나는 왜 사는가? 나는 누구인가?'

하지만 아이러니컬하게도 이러한 절체절명의 순간에 직면하게 된 시점은 톨스토이가 가장 인생의 탄탄대로를 걷던 시기였다. 톨스토이는 이미 당시 『전쟁과 평화』, 『안나카레리나』와 같은 세계 문학사에 길이 남을 기념비적 작품을 남겼던 때였던 것이다.

말이 3,000필이 넘었고, 건강한 체력에 넓은 저택, 엄청난 땅 등 막대한 재산을 보유하고 있었으며 사랑하고 사랑받는 착한 아내와 귀여운 아이들 등 행복한 가정도 꾸리고 있었다. 출판, 강연, 학회 등 하는 일마다 성공을 거뒀으며 별로 힘들이지 않아도 늘어만 가는 막대한 재산이 있었다. 엄청난 부와 명예에 러시아의 황제조차도 톨스토이와의 만남을 영광스럽게 생각할 정도였다. 말하자면, 외부적 조건으로는 완전한 행복의 조건을 다 갖춘 그는 하등 인생의 고민에 빠질 이유가 없었던 것이다. 하지만 그는 질문한다.

'나는 왜 사는가?'
'나는 어떻게 살 것인가?'

그리고 더 나아가 그는 신에게까지 하소연한다.

"신이시여, 너무나도 야속하십니다. 그동안 신께서는 저를 지켜만 보고 계셨단 말입니까? '톨스토이 그놈 참 대단하구나. 엄청난 문장력에 화려한 경력, 막대한 재산과 사업적 성공 등 누릴 것은 다 누리고 있구나.'라고 하시면서 하늘에서 내려다보고만 계셨습니까? 그리하여 제가 생을 다 마치는 순간, 염라대왕 앞에서 불려간 순간, 제게 하문(下問)하고자 하셨습니까?"

'그대는 생의 기쁨은 발견했는가? 나누었는가?'
'그리고 그때 자네의 역할은 무엇이었는가?'

"왜 제게 이와 같은 깨달음을 좀 더 빨리 주시진 않았습니까? 신이시여! 저는 그동안 헛살았습니다. 명예와 돈을 위해서 선을 감추고 악을 드러냈습니다. 제 글쓰기는 '허영심과 오만, 그리고 이기적 욕망'으로 가득 찼습니다."

이러한 통렬한 반성과 성찰의 시기를 거친 그는 모든 재산을 내놓고 가난한 백성들과 함께하는 삶으로 들어서게 된다. 소위 '잘나가는 삶'에서 자신의 양심을 밝히고 진실한 삶에 들어서게 된 것이다. 아울러 그의 문학은 새로운 지평을 열게 된다.

톨스토이 문학은 50세 이전과 그 이후로 나뉘게 되는데, 톨스토이는 이러한 회심回心의 순간을 지나면서 단순한 문학세계에 머물지 않고, 인생의 좀 더 본질적인 삶과 사랑과 나눔에 대해서 노래하게 된다. 「사람은 무엇으로 사는가」, 「바보 이반」, 「이반 일리치의 죽음」, 「두 노인」, 「그러면 우리들은 무엇을 할 것인가」, 「빛이 있는 동안 빛 속을 걸어라」 등은 바로 톨스토이의 그러한 본질적 정신세계를 제시한 문학작품들이다.

당신은 어떻게 생각하는가? 단순히 한 위대한 거장巨匠의 일대기라고 치부하고 있진 않은가? 나이와 상관없이 그리고 부와 명예와는 상관없이 자신을 돌아보고 자신의 말에 귀 기울일 줄 아는 마음과 자세, 즉 톨스토이는 그 참인간의 진면목을 보여준 것이다.

힘들게 쌓아온 것들을 자신의 열망과 확신으로 인하여 무너뜨리는 것은 결코 쉬운 일이 아니다. 하지만 그만큼 자신에게 충실하며 자신의 길이 뚜렷하다면 그것 말고는 더는 중요할 것이 없다는 것이다. 그것 외에는 부질없는 한순간의 꿈이 되는 것이다. 톨스토이는 자신의 문학을 향하여 그리고 진정한 인생을 향하여 당당히 걸어갔던 것이다.

나는 어떤 사람으로 기억되고 싶은가?

톨스토이, 간디, 류영모 님의 공통점이 있다면, 나보다는 남, 몸보다는 정신을 향해 한평생 치열하게 공부하고 일관되게 실천했다는 점이다. 이분들이 지금 살아 계시다면 아마도 이렇게 말씀하시지 않을까.

"눈을 감을 때 마음은 광활하게 열려있어야 하며, 몸은 새털처럼 가벼워야 한다. 그렇게 되려면 혼신의 힘을 다해 자신을 정립하고 남을 널리 이롭게 하는 삶을 살아라! 공부는 정성을 다해야 한다. 공부는 몸과 마음이 모두 진실해야 한다. 진실한 공부는 몸과 마음이 감응한다. 책을 통해 공부하고 삶의 현장에서 체험하길 바란다. 명심해라! '나는 어떤 사람으로 기억되고 싶은가?'"

그대는 삶의 기쁨을 찾았는가? 다른 사람과 나누었는가? 그대는 이번 삶에서 무엇을 배웠는가? 그대는 얼마나 사랑했는가? 그대의 역할은 과연 무엇이었는가? 혼신의 힘을 다해 나를 불사르라! 그리고 남을 이롭게 하라!

그대는 어떤 사람으로 기억되고 싶은가?

참고 문헌

(1) 국내 서적

구본형, 1999, 『익숙한 것과의 결별』, 생각의 나무

구본형, 1999, 『낯선 곳에서의 아침』, 생각의 나무.

게리 주커브, 2000, 『영혼의 의자』, 이화정 옮김, 나라원.

권기헌, 2001, 『가야산으로의 7일간의 초대』, 한언.

권기헌, 2002, 『삶의 이유를 묻는 그대에게…』, 한언.

노만 빈센트 필, 2003, 『적극적 사고방식』, 이갑만 옮김, 세종서적.

다릴 잉카, 2000, 『가슴 뛰는 삶을 살아라』, 류시화 옮김, 나무심는사람.

다카하시 신지, 2000, 『붓다–다카하시 신지의 영적 계시록』, 김해석 옮김, 해누리.

데이비드 호킨스, 1997, 『의식혁명』, 이종수 옮김, 한문화.

라마나 마하리쉬, 2005, 『나는 누구인가』, 이호준 옮김, 청하.

리바이 도우링, 1997, 『보병궁의 성약』, 안원전 옮김, 대원출판사.

버지니아 에센, 2005, 『예수 그리스도의 충격 메시지』, 박찬호 · 홍준희 옮김, 은하문명.

캔데이스 프리즈, 2005, 『예수 그리스도의 충격 메시지2』, 광솔 편역, 은하문명.

사토 도미오, 2004, 『행운을 부르는 인간형』, 솔과학.

오피어스 필로스, 2003, 『미카엘 대천사의 메시지와 예언』, 윤구용 옮김, 은하문명.

윤청, 2004, 『기적의 자율진동 건강법』, 영진닷컴.

윤청, 2005, 『세계 의학계를 깜작 놀라게 한 기적의 자율진동법』, 한언.

장자크 루소, 1999, 『고독한 산보자의 꿈』, 염기용 옮김, 범우사.

캐서린 폰더, 2003, 『부의 법칙』, 남문희 옮김, 국일미디어.

톨스토이, 1997, 『젊은 날의 고백』, 유동환 옮김, 푸른나무.

테오도르 모노, 2003, 『사막의 순례자』, 안인성 옮김, 현암사.

파드마 삼바바, 1995, 『티벳 사자의 서』, 류시화 옮김, 정신세계사.

파드마 삼바바, 2000, 『티벳 해탈의 서』, 유기천 옮김, 정신세계사.

폴 마이어, 2003, 『성공을 유산으로 남기는 법』, 최종옥 옮김, 두란노.

피터 프랜스, 2002, 『삶을 가르치는 은자들』, 정진욱 옮김, 생각의나무.

프리초프 카프라, 2002, 『현대물리학과 동양사상』, 이성범 옮김, 범양사

헨리 데이비드 소로, 2002, 『월든』, 한기찬 옮김, 소담출판사.

(2) 해외 서적

Blanchard Jason, 『The Spiritual Science of Miracles』, 1st Books Publications, 2001.

Bradley David, 『An Introduction to the Urantia Revelation』, White Egret Publications, 2002.

Dowling Levi, 『The Aquarian Gospel of Jesus the Christ』, 1997.

Essen Virginia, 『New Teachings for Awakening Humanity by the Christ』, Spiritual Education Endeavors, 2002.

Harris Fred and Belitsos Byron(eds.), 『The Center Within: Lessons from the Heart of the Urantia Revelation』, Origin Press, 1998.

Phylos Orpheus, 『Earth, the Cosmos and You』, Spiritual Education Endeavors, 1999.

Urantia Foundation, 『The Urantia Book』, Urantia Foundation, 2005.

(3) 웹 사이트

http://www.nesara.us

http://www.trufax.org

http://www.holisticwebs.com

http://www.spiritualscience.org

http://www.ageoflight.net(한글판)

http://www.miraclek.com(한글판)

1 『시간관리와 자아실현』(유성은, 2009: 중앙경제평론사), 84-90쪽에서 인용.

2 『성공의 8단계』(다니엘 박, 2004: 아름다운 사회)에서 인용.

3 원정핵이라는 용어는 이상문 저, 『밥물이고식을 먹어라』(정신세계사)에 상세히
소개되어 있다. 또한 이상문 저, 『밥따로 물따로 음양식사법』도 참조 바란다.
불성과 금진이라는 용어는 열반하신 청화 스님이 법문에서 자주 사용한 개념
인데, 청화 스님의 스승이셨던 금타대화상께서 저술하신 『금강심론』(을지출판
사)에 상세히 소개되어 있다.

아래 그림도 이러한 저술에서 소개된 내용을 바탕으로 수정하여 응용한 그림
이다. 이는 기독교적인 관점에서도 마찬가지이다. 여기에서 우주창조(프루샤)
는 하나님/하느님의 본질적인 신성에 해당한다. '성부'의 본질적인 에센스가
'성령'의 에너지로 퍼져나가 '성자'의 구체적인 모습으로 화현한 것이기에 성자
의 모습들은 원자핵-원자-분자와 같은 현상계의 모습들로 나타나게 되는 것
이다. 하나님의 본질적인 힘, 전지와 전능, 즉 생명의 외경(畏敬)에 대해 늘 경
건한 믿음을 갖고 '헌신'하는 자세로서 신앙심을 굳게 키워나간다면, 어느덧
자신의 인격은 점차 완성에 가까워지게 될 것이다. 또한 그렇게 되면 우주생명
의 본질에 한걸음 더 다가서게 될 것이다.

〈그림〉 우주생명의 본질: 원자핵, 양핵, 원정핵–육체와 정신의 일원성

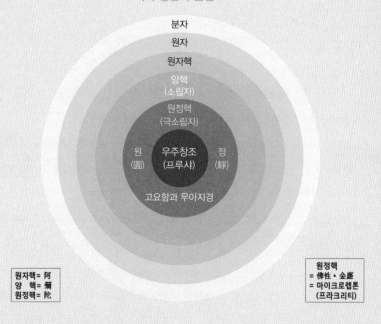

우주생명의 본질

분자
원자
원자핵
양핵
(소립자)
원정핵
(극소립자)
원
(圓)　우주창조
(프루샤)　정
(靜)
고요함과 무아지경

원자핵 = 阿
양 핵 = 彌
원정핵 = 陀

원정핵
= 佛性·순수
= 마이크로렙톤
(프라크리티)

4　임원화, 『하루 10분 독서의 힘』에서 재인용.

5　http://blog.naver.com

6　『리더십의 법칙』(존 맥스웰, 1997: 비전과 리더십)에서 인용.

7　『긍정의 힘』(조엘 오스틴, 2005: 두란노서원)에서 인용.

8　『시크릿』(론다 번, 2009: 살림Biz)에서 인용.

9　『The Dale Carnegie Course: Effective Communication and Human Relation』
　　(Carnegie Dale, 2001: Nightingale–Conant Corporation)에서 인용.

10　『긍정적 태도개발』(샤론 페레, 1997: 21세기북스)에서 수정.

11　한국인간개발연구원 홈페이지 인터뷰에서 인용.

12 http://www.saemga.com/

13 http://www.saemga.com/

14 『마음을 사로잡는 경청의 힘』(래리 바커·키티 왓슨, 2006: 이아소)에서 인용.

15 『성공의 8단계』(다니엘 박, 2004: 아름다운 사회)에서 인용.

16 http://blog.createphoto.co.kr

17 『시간관리와 자아실현』(유성은, 2009: 중앙경제평론사), 345-358쪽; 『프로 인생 vs. 아마추어인생』(2001: 평단문화사), 119-125쪽에서 인용.

18 『CEO 트럼프 성공을 품다』(도널드 J. 트럼프, 2007: 베가북스)에서 인용.

19 http://nykca.net

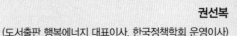

한 번뿐인 인생, 긍정 에너지를 통해
행복과 성공을 거머쥐시기 바랍니다!

권선복
(도서출판 행복에너지 대표이사, 한국정책학회 운영이사)

누구나 행복을 꿈꾸고 누구나 성공을 바랍니다. 자신이 원하는 바를 얻기 위해 하루하루 최선을 다해 살아갑니다. 하지만 말처럼 쉽지는 않습니다. 삶을 행복하게 하는 요소는 몇 가지 이내로 정해져 있고 모든 사람들이 나누어 가지기에는 충분하지 않습니다. 그런 까닭인지, 자신은 불행하고 인생이 마음대로 되지 않는다며 한탄하고 불평하는 사람들이 주변에 많습니다. 그렇다고 주저앉아 있을 수만은 없습니다. 한 번뿐인 자신의 인생을 어떻게 행복과 성공으로 이끌지는 결국 자신의 몫입니다.

책『포기하지 마! 넌 최고가 될 거야』는 본격적으로 험난한 인생길에 접어든 젊은이들에게 전하는 '격려와 조언'을 담고 있습니다. '자아, 지식, 열중, 긍정, 소통, 창의, 감성, 꿈'이라는 주요 키워드를 중심으로, 어떻게 하면 자신이 원하는 인생을 살아갈 수 있는지에 대해 따뜻한 목소리로 자세히 설명해 줍니다. 저자이신 권기헌 교수님은 현재 성균관대학교에서 행정학을 가르치며 청년들과 함께 많은 시간과 생각을 공유하고 계십니다. 극심한 취업난 때문에 청춘을 제대로 즐기지 못하고 꿈과는 상관없는 일에 매달리며 시간을 보내는 우리 청년들을 위해 이 책을 쓰기 시작하셨다고 합니다. 하버드 대학교에서의 석·박사 과정, 행정고시 연수원 수석 졸업 등 젊은 날 마음껏 자신의 꿈과 열정을 펼쳤던 경험을 바탕으로, 삶을 성공적으로 살아가는 방식을 생생히 전해줍니다.

이 세상에는 쉬운 일이 하나도 없습니다. 그저 머릿속으로 생각만 열심히 한다면 아무것도 이루어지지 않습니다. 꿈을 이루기 위해서는 몸을 움직여 앞으로 전진해야 합니다. 그 첫 번째 준비가 바로 올바른 마음가짐과 태도를 갖추는 것입니다. 취업과 경제적 사정 때문에 늘 고민이 많은 우리 청년들이 이 책을 통해 자신감을 얻고 밝은 미래를 위한 청사진을 구축할 수 있기를 기대합니다. 독자 분들의 삶에 행복과 긍정의 에너지가 팡팡팡 샘솟으시기를 기원드립니다.

맛있는 삶의 레시피

이경서 지음 | 값 15,000원원

『맛있는 삶의 레시피』는 암담한 현실을 이겨내게 하는 용기와 행복한 미래를 성취하게 하는 지혜 독자에게 전한다. 책은 각각 '맛있는 삶, 좋은 인간관계, 자신만의 꿈'이라는 커다란 주제 아래 마흔다섯 가지 에피소드를 다루고 있다. '행복한 삶은 무엇인가?'라는 화두를 독자들에게 던지고, 생생한 경험을 바탕으로 한 행복론論을 온기 가득한 문장으로 풀어낸다.

가슴 설렌다, 오늘 내가 할 일들!

김종호 지음 | 값 15,000원

책 『가슴 설렌다, 오늘 내가 할 일들』은 국내 대표 회계법인인 KPMG삼정회계법인의 대표이사를 역임한, 세종CSV경영연구소 김종호 소장이 전하는 진정한 프로의식과 성공적 사회생활을 위한 노하우를 담은 책이다. 취업을 준비하는 청년들과 사회초년생들은 물론 한창 사회생활 중인 베테랑 직장인들까지 누구에게나 귀감이 될 만한 내용들이 담겨 있다.

희망이 이긴다

정창덕 지음 | 값 15,000원

인생에서 쉽게만 펼쳐진 길은 그 어디에도 없다. 그렇기에 홀로 외롭게 살아가는 것처럼 느껴질 때가 많지만 주위를 둘러보면 곁에서 우리와 함께하는 누군가가 반드시 존재한다. 그 동반자들과 함께라면 어려움이 닥쳤을 때 넉넉히 이겨내고 더 나은 미래를 꿈꿀 수 있지 않을까? 서로서로 도우며 함께하는 희망 찬 인생 이야기를 지금 바로 이 책을 통해 경험해보자.

열정으로 이룬 꿈, 마흔도 늦지 않아

이철희 지음 | 값 15,000원

책 『열정으로 이룬 꿈, 마흔도 늦지 않아』는 마흔셋이라는 (업계에서는 많이 늦은) 나이에 정식 은행원의 꿈을 이룬 이철희 전 IBK기업은행 지점장의 인생역정, 성공 스토리, 자기계발 노하우를 담고 있다. 이미 KBS에서 방송된 강연 100도씨를 통해 자신의 이야기를 세상에 알렸지만, 거기에 다 담지 못했던 에피소드와 온기 가득한 삶의 여정이 감동적으로 펼쳐진다.